Aprende a Programar

en

R

Patricia García Montero

ISBN: 978-1508983040

TABLA DE CONTENIDOS

Notas del Autor...7

Introducción 9

    EL PROGRAMA...10

    INSTALACIÓN..11

Empezando con R..13

    SIMBOLOS O COMANDOS IMPORTANTES.......................14

    OBTENIENDO AYUDA...15

    ALGUNAS OPERACIONES ARITMÉTICAS.........................16

    MANIPULANDO OBJETOS...18

    ATRIBUTOS DE LOS OBJETOS...21

ALGUNOS OBJETOS ESPECIALES..25

    VECTORES...25

    LISTAS...28

    MATRICES...32

DATA.FRAME.. 40

CARACTERES Y FACTORES 45

ARRAYS.. 45

Introducción de Datos 47

Operaciones con Vectores y Matrices 51

    ALGUNAS FUNCIONES DISPONIBLES............................ 54

Guardar y Leer Archivos *.R... 59

Las Funciones.. 61

    ENTENDER EL CONCEPTO DE FUNCIÓN 61

    EJECUCIONES CONDICIONALES................................... 63

    FUNCIONES ENVOLVIENDO CICLOS 64

Estadística Descriptiva... 69

    ALGUNAS NOTACIONES 69

    MEDICIONES DE POSICIÓN DE MUESTRA.................... 72

    MEDIDAS DE DISPERSIÓN DE LA MUESTRA............... 75

    COVARIANZA Y CORRELACIÓN.................................... 77

Sobre Probabilidad 79

    ALGUNAS DISTRIBUCIONES.. 79

GENERACIÓN DE NÚMEROS ALEATORIOS 89

Los Gráficos con R 91

USO DE LA FUNCIÓN PLOT () 92

HISTOGRAMAS 103

GRAFICOS DE BARRAS 109

PRUEBAS ESTADÍSTICAS 109

PRUEBA t (DE STUDENT) 109

PRUEBA F 115

OTRAS PRUEBAS 118

Análisis de Varianza 123

DIC 124

DBC 126

FACTORIAL 131

EXPERIMENTOS EN PARCELAS DIVIDIDAS 136

PRUEBA DE COMPARACIÓN MÚLTIPLE 139

REGRESIÓN 141

POLINOMIAL SIMPLE 142

POLINOMIALES MÚLTIPLES 149

LOS MODELOS NO LINEALES 156

NonLinear Mixed-Effects Models 159

Acerca del Autor 163

NOTAS DEL AUTOR

Esta publicación está destinada a proporcionar el material útil e informativo. Esta publicación no tiene la intención de conseguir que usted sea un maestro de las bases de datos, sino que consiga obtener un amplio conocimiento general de las bases de datos para que cuando tenga que tratar con estas, usted ya pueda conocer los conceptos y el funcionamiento de las mismas. No me hago responsable de los daños que puedan ocasionar el mal uso del código fuente y de la información que se muestra en este libro, siendo el único objetivo de este, la información y el estudio de las bases de datos en el ámbito informático. Antes de realizar ninguna prueba en un entorno real o de producción, realice las pertinentes pruebas en un entorno Beta o de prueba.

El autor y editor niegan específicamente toda responsabilidad por cualquier responsabilidad, pérdida, o riesgo, personal o de otra manera, en que se incurre como consecuencia, directa o indirectamente, del uso o aplicación de cualesquiera contenidos de este libro.

Todas y todos los nombres de productos mencionados en este libro son marcas comerciales de sus respectivos propietarios. Ninguno de estos propietarios ha patrocinado el presente libro.

Procure leer siempre toda la documentación proporcionada por los fabricantes de software usar sus propios códigos fuente. El autor y el editor no se hacen responsables de las reclamaciones realizadas por los fabricantes.

Introducción

El uso de paquetes estadísticos para el análisis de datos es de gran importancia en lo que se refiere al análisis y a la interpretación de los resultados. Con todo, se observa que estos presentan un coste de adquisición relativamente elevado o la creación de programas alternativos. De entre los softwares de dominio público, libres, que pueden ser utilizados para el análisis de datos en general, se encuentra el entorno R o simplemente R, como comúnmente lo llaman sus usuarios, que presenta código fuente abierto, pudiendo ser modificado o implementado con nuevos procedimientos desarrollados por cualquier usuario en cualquier momento. Además, R cuenta con un gran número de colaboradores de las más diversas áreas del conocimiento.

Por tanto, R se convierte en una herramienta importante en el análisis y la manipulación de datos, con pruebas paramétricas y no paramétricas, modelado lineal y no lineal, análisis de series temporales, análisis de supervivencia, simulación y estadística espacial, entre otros, además de proporcionar facilidad en la elaboración de diversos tipos de gráficos, en lo cual el usuario tiene pleno control sobre el gráfico creado.

R se puede obtener de forma gratuita en http://cran.r-project.org donde se presenta en versiones de acuerdo con el sistema operativo UNIX, Windows o Macintosh. Además de eso, se encuentra en este site más información sobre su utilización y una central de correspondencias donde profesionales de varios campos del conocimiento pueden contribuir en la implementación de nuevos recursos, así como responder a las preguntas de los demás usuarios.

Como R es un lenguaje de programación orientado a objetos, el usuario puede crear sus propias funciones y su propia rutina de análisis de datos. Otro atributo de R es su capacidad para interactuar con otros programas estadísticos, bien como base de datos.

EL PROGRAMA

R es un lenguaje orientado a objetos creado en el año 1996 por Ross Ihaka y Robert Gentleman que combina un entorno integrado que permite la manipulación de datos, realización de cálculos y generación de gráficos. Semejante al lenguaje S desarrollado por AT&T`s Bell Laboratories y que ya se utiliza para el análisis de datos (vea, por ejemplo, Crawley, 2002), pero con la ventaja de ser de libre distribución.

Es importante destacar que R no es un programa estadístico pero debido a sus rutinas permite la manipulación, evaluación e interpretación de los procedimientos estadísticos aplicados a los datos. El R Core Team ("defensores y guardianes" de R lo clasifican como entorno R dadas sus características, sin embargo, lo abordaremos cómo un sistema integrado que permite la ejecución de tareas en estadística).

Además de los procedimientos estadísticos R permite operaciones matemáticas simples, manipulación de vectores y matrices, así como la confección de diferentes tipos de gráficos.

INSTALACIÓN

Para la instalación de R simplemente conéctese al sitio http://cran.r-project.org en CRAN "Integral R Archive Network" elija el lugar más cercano donde usted se encuentra. Haga doble clic en el enlace que corresponde al sistema operativo de su ordenador y luego en el link base, a continuación, seleccione el archivo ejecutable.

Ahora sólo tiene que seguir la rutina de instalación y después de instalado debe comenzar R y hacer clic en la barra de herramientas en:

Packages, UPDATE PACKAGES FROM CRAN; para recibir las versiones actualizadas de los principales paquetes (requiere que el ordenador esté conectado a Internet).

EMPEZANDO CON R

Con R iniciado, verá el símbolo ">" en rojo, el cual es el prompt de R (también conocido como R Console) que indica que el sistema está listo para recibir sus órdenes. Por encima del prompt en color azul se encuentran algunas informaciones sobre el sistema y algunos comandos básicos.

Las funciones disponibles quedan guardadas en una librería situada en el directorio /R_HOME/library (R_HOME es el directorio donde fue instalado R). Este directorio contiene "paquetes de funciones" (conocidos como packages) que, a su vez, se organizan en directorios. Estos son los principales paquetes de R. Todavía hay muchos otros paquetes que se pueden encontrar en el CRAN. El paquete llamado BASE constituye el núcleo de R, conteniendo las funciones básicas. Cada uno de estos paquetes instalados tiene su propio directorio, por ejemplo, para el paquete BASE existe la ruta R_HOME/library/base/R/ con un archivo en código ASCII que contiene todas las funciones de ese paquete. Junto con el paquete base existen otros paquetes que ya vienen cargados con R. Esta estructura permite que sean necesarios menos recursos computacionales para operar con R.

Los paquetes pueden ser cargados en la memoria en cualquier momento mediante la línea de comandos de R escribiendo library (nombre_del_paquete). Para saber cuales son los paquetes cargados sólo tiene que escribir search (). Para trabajar con R son necesarios algunos conceptos que serán discutidos en este material y que constituyen el foco de este libro.

SIMBOLOS O COMANDOS IMPORTANTES

Acciones	Símbolo
Salir del programa	q ( )
Guardar el trabajo realizado	save.image( )
Listar todos los objetos del área de trabajo actual	ls ( )
Eliminar el objeto x	rm (x)
Eliminar los objetos x e y	rm (x,y)
Dato ausente (data missing)	NA
Muestra todos los paquetes instalados	library ( )
Cargar (por ejemplo) el paquete nlme	require (nlme)

Para la ejecución de una línea de comando se debe presionar la tecla "Enter".

OBTENIENDO AYUDA

La ayuda en línea de R puede ser muy útil cuando se quiere saber qué función usar o cómo utilizar una función determinada. En la tabla que se muestra a continuación se enumeran algunos comandos para realizar búsquedas en R:

Acción de ayuda	Comando
Buscar "multivariate" en todos los paquetes instalados	help.search("multivariate")
Obtener ayuda sobre el comando X	help (comando X)
Iniciar ayuda en el browser por defecto instalado	help.start ( )
Obtener ayuda sobre (por ejemplo) el paquete cluster	help(package=cluster)
Comando que busca objetos (por ejemplo) por el nombre anova	apropos("anova")
Mostrar ejemplos del "comandoX"	example(comandoX)
Listar las funciones y operaciones contenidas en el paquete base de R	Ls ("package:base")

Otra opción para obtener ayuda sobre funciones, documentos, comandos de R es hacer una búsqueda rápida en el sitio: http://finzi.psych.upenn.edu/.

Para aprender como una función fue escrita y a qué clase pertenece, sólo tiene que escribir el nombre de la función completo y pulsar Enter.

ALGUNAS OPERACIONES ARITMÉTICAS

Usted puede utilizar R como una calculadora, incluso para cálculos con matrices, como veremos en los próximos capítulos. Sin embargo, ahora, nos atendremos solo a cálculos simples.

Ejemplos:

Algunas operaciones pueden llevarse a cabo sólo con los signos de operación aritméticos.

```
2+3 #sumando estos números

[1] 5

2+3*2 #observando prioridades: multiplicación
primero, ¿se acuerda?

   [1] 8

2**4 #potencias utilizando ** ó ^

   [1] 16
```

Otras funciones son utilizadas como las encontradas en las calculadoras científicas.

```
sqrt(9) #raiz cuadrada

    [1] 3

sin(3.14159) #seno de Pi radianes es cero

    [1] 2.65359e-06

sin(pi) #el más próximo

    [1] 1.224606e-16

factorial(4) #4!=4*3*2*1

    [1] 24
```

La tabla de abajo muestra algunas operaciones posibles de ser realizadas en R:

Función	Significado
log (x)	Log de base e de x
exp (x)	Antilog de x(e^x)
log(x,n)	Log de base n de x
Log10(x)	Log de base 10 de x
sqrt(x)	Raiz cuadrada de x
choose(n,x)	Combinación de n por x:n!/(x!(n-z)!)
cos(x), sin(x), tan(x)	Funciones trigonometricas de x en radianes

acos(x), asin(x), atan(x)	Funciones trig. inversas de x en radianes

Existen otras operaciones en R que no se han mencionado aquí por no ser conveniente pero están disponibles y se pueden encontrar en los libros de introducción, consultar help.search ().

MANIPULANDO OBJETOS

Creando Objetos

Un objeto puede ser creado con la operación de "atribución", lo cual se indica con una flecha, con el signo menos y el símbolo ">" o "<", dependiendo de la dirección en que se asigna el objeto. O con un solo signo igual. Es importante destacar que el nombre de un objeto debe comenzar con una letra cualquiera, mayúsculas o minúsculas, que puede ser seguido de otra letra, número o caracteres especiales como el punto.

Ejemplo:

```
x<-10 #el objeto x recibirá el valor 10

15->y #el objeto y recibirá el valor 15

X<-6  #el objeto X recibirá el valor 6

Y=15  #el objeto Y recibirá el valor 15
```

Observe que existen diferencias entre mayúscula y minúscula (incluso para el Sistema Operativo Windows).

```
x
```

```
[1] 10
```

```
X
```

```
[1] 6
```

Nota: El símbolo "#" indica a R que es un comentario.

Otro ejemplo:

R puede ser utilizado para hacer cálculos. También puede almacenar el resultado de un cálculo en un objeto cualquiera.

```
t<-sqrt(4) #el objeto x recibirá el valor de la
operación indicada
```

Para mostrar el contenido del objeto creado "t", escriba solo el nombre del objeto en la línea de comandos de R, como abajo:

```
t
```

```
[1] 2
```

El número "1" entre corchetes significa que la visualización del objeto se inicia por su primer elemento. Ese comando es un comando implícito del comando print (), es decir, escribiendo print(t) obtendríamos el mismo resultado que escribiendo sólo t (dentro de las funciones ese comando debe ser usado de forma explícita).

Listando Objetos

Ahora que ha creado algunos objetos usted ciertamente querrá tener control sobre ellos.

La función de ls () muestra los objetos que usted tenga.

Ejemplo:

```
a<-1; b<-2; c<-3 #observe el uso de ";" para
separar los comandos

x<-"uso"; y<-"del comando"; z<-"list()"

ls() #lista todos los objetos existentes en la
memoria

   [1] "a" "b" "c" "x" "y" "z"
```

Tenga en cuenta que el resultado se imprime como un vector porque en realidad es un vector. En este caso, un vector de caracteres con los nombres de los objetos existentes. Al igual que con cualquier otra función de R puede almacenar el resultado en un objeto, incluyendo ls (). Vea:

```
obj<-ls() #almacena la lista de objetos

obj #muestra la lista almacenada en el objeto "obj"

   [1] "a" "b" "c" "x" "y" "z"
```

Probablemente usted no tendrá ninguna razón para hacer esto a menudo, o talvez nunca, pero esto ilustra el funcionamiento de R.

Eliminando Objetos

Hay una función para eliminar los objetos: remove () (o simplemente rm ()). Para usar esta función, simplemente proporcione el objeto a ser eliminado:

```
x<-1              #crea el objeto x

y<-2              #crea el objeto y

a<-10; b<-20      #crea los objetos a y b

rm(a)             #elimina el objeto a

remove(b)         #elimina el objeto b

rm(x,y)           #elimina los objetos x e y
```

Para eliminar TODOS los objetos en su área de trabajo escriba:

```
remove(list=ls()) #elimina TODO!!!!!!
```

Nota: Tenga cuidado al usar esta función pues una vez excluido el objeto se vuelve irrecuperable. Además, el comando antes mencionado para eliminar todos los objetos no muestra el mensaje de confirmación de eliminación.

ATRIBUTOS DE LOS OBJETOS

Se ha dicho varias veces que R trabaja con objetos. Estos tienen nombres, contenido y un atributo asociado que especifica qué tipo de datos son representados por el objeto. En un análisis estadístico, por ejemplo, incluso si dos objetos contienen el mismo valor, los resultados difieren cuando estos tienen diferentes atributos. La forma en que las funciones actúan sobre los objetos también depende de su atributo.

Todo objeto tiene atributos intrínsecos: *tipo* y *tamaño*. Con relación al tipo el puede ser: numérico, carácter, complejo y lógico. Hay otros tipos, como por ejemplo, funciones o expresiones, pero estos no representan datos.

Las funciones mode () y length () muestran el tipo y tamaño de un objeto, respectivamente.

Ejemplo:

```
x<-c(1,3,5,7,11)

mode(x); length(x) #muestra tipo y tamaño del obj.x

    [1] "numeric"

    [1] 5

a<-"Angela"; b<-TRUE; c<-8i #objetos con tipos
diferentes

mode(a); mode(b); mode(c)    #muestra los atributos
                               "tipo" de los objetos

    [1] "character"

    [1] "logical"

    [1] "complex"
```

Hay otra manera de comprobar atributos en un objeto como, por ejemplo, usando la palabra "is" seguida de un punto y el nombre del atributo el cual se desea verificar.

```
is.numeric(x)      #verifica si el objeto x tiene el
                    atributo de numérico

    [1] TRUE
```

Fue devuelto "TRUE" (en inglés, VERDADERO). Si el objeto x fuese de tipo carácter, por ejemplo, el resultado sería FALSE.

La siguiente tabla resume los objetos y sus posibles atributos (tipos). Vea:

Objeto	Tipos	Soporta tipos diferentes
vector	Numérico, carácter, complejo o lógico	No
Factor	Numérico o carácter	No
Matriz	Numérico, carácter, complejo o lógico	No
Array	Numérico, carácter, complejo o lógico	Si
data.frame	Numérico, carácter, complejo o lógico	Si
Ts	Numérico, carácter, complejo o lógico	Si

23

Lista	Numérico, carácter, complejo, lógico, función, etc.	Si

Nota: *ts es una serie temporal y no será abordada en este libro.*

ALGUNOS OBJETOS ESPECIALES

Conocer las diferencias entre los diversos tipos de objetos es importante para un mejor uso de R. Hay varios tipos de objetos que pueden ser creados y manipulados.

VECTORES

R puede trabajar con vectores - objetos que almacenan más de un valor.

La función de c () se utiliza para crear un vector de sus argumentos.

Ejemplos:

```
x<-c(2,3,5,7,11)  #los 5 primeros números primos

x #escribiendo el nombre se muestra contenido obj.

   [1] 2 3 5 7 11
```

Los argumentos de c () pueden ser escalares o vectores.

```
y<-c(x,13,17,19)  #añadiendo 3 números primos más

y

   [1] 2 3 5 7 11 13 17 19
```

```
k<-c('a','b','c','d') #caracteres alfanuméricos

k

    [1] "a" "b" "c" "d"
```

Secuencias

Hay otras maneras de generar un vector. Por ejemplo, para generar una secuencia de números enteros se utilizan los "dos puntos". Vea:

```
a<-1:10      #crea secuencia de enteros de 1 a 10

a            #muestra el contenido del objeto "a"

    [1] 1 2 3 4 5 6 7 8 9 10
```

Si el vector es demasiado largo y no "cabe" en una fila R usará las líneas siguientes para continuar imprimiendo el vector.

```
largo<-100:50 #secuencia decreciente de 100 a 50

largo         #muestra el contenido del objeto

    [1] 100 99 98 97 96 95 94 93 92 91 90 89 88 87 86 85

   [17]  84 83 82 81 80 79 78 77 76 75 74 73 72 71 70 69

   [33]  68 67 66 65 64 63 62 61 60 59 58 57 56 55 54 53

   [49]  52 51 50
```

Los números entre corchetes no son parte del objeto e indican la posición del vector en aquel punto. Se puede observar que [1] indica que el primer elemento del vector esta en aquella fila, [17] indica que la línea siguiente comienza por el decimoséptimo elemento del vector y así sucesivamente.

Utilizando el comando seq ( )

Una forma más general de producir secuencias de valores es utilizando la función seq () que tiene como argumentos el inicio, final y los pasos de la secuencia.

```
seq(1,10,1) #lo mismo que 1:10

   [1] 1 2 3 4 5 6 7 8 9 10

seq(1,10,2) #de 2 en 2;obs. no termina en valor 10

   [1] 1 3 5 7 9

seq(10,1,3) #intentando orden inversa...

   Error en seq.default(10, 1, 3) : señal error en
el argumento 'by'

seq(10,1,-3)# forma correcta es usando paso negat.

   [1] 10 7 4 1
```

Utilizando rep ( )

Otra función útil para producir vectores es la función rep () que devuelve el primer argumento repetido el número de veces indicado por el segundo argumento:

```
rep(1,10)          #crea una repetición

   [1] 1 1 1 1 1 1 1 1 1 1
```

```
rep(c(1,2),10)

    [1] 1 2 1 2 1 2 1 2 1 2 1 2 1 2 1 2 1 2 1 2

rep(c(0,1),c(10,5))#para cada valor un nº de repet.

    [1] 0 0 0 0 0 0 0 0 0 0 1 1 1 1 1
```

Usted puede incluso utilizar variables (objetos) como argumentos de las funciones:

```
X<-10

rep(c(1,2),X) #crea repetición obj."c(1,2)" X veces
```

Si ambos argumentos tienen más de un elemento, entonces cada elemento del primer argumento será asociado al elemento correspondiente del segundo argumento.

Ejemplos:

```
rep(4:1,1:4) #examine cuidadosamente este ejemplo

rep(1:5,each=2)#mismo nº de repet. para todos
                     elementos
```

LISTAS

Las listas son objetos curiosos. Ellas permiten combinar diferentes tipos de objetos en un mismo objeto. Estos pueden ser vectores, matrices, números y / o caracteres e incluso otras listas.

Ejemplo:

```
R<-list(version=2.4, origen='Austria',
notas=c(9,10,8))

R

    $version

    [1] 21

    $origen

    [1] "Austria"

    $notas

    [1] 9 10 8
```

Las listas se construyen con la función list (). Los componentes de la lista son introducidos utilizando la forma usual (nombre = argumento) de atribuir argumentos en una función. Cuando escribe el nombre de un objeto que es una lista de cada componente se muestra con su nombre y valor.

Cada uno de esos componentes de la lista puede ser accedido individualmente por su nombre precedido por el símbolo "$":

```
R$version    #componente "version" de la lista "R"

    [1] 2.4

R$notas[2]   #segundo elemento de $notas

    [1] 10
```

Todavía puede acceder a cada elemento por un número de orden en la lista utilizando corchetes dobles:

```
persona[[1]]

    [1] 2.4

persona[[3]]

    [1] 98 95 96
```

Algunas funciones que devuelven listas

Muchas de las funciones de R devuelven su resultado en la forma de listas. Un ejemplo puede se mostrado con el uso de la función t.test (), que devuelve un objeto que es una lista.

Ejemplo:

Pruebe esto: una prueba t simple para dos conjuntos de números con medias diferentes:

```
tt<-t.test(rnorm(100),rnorm(100),var.equal=T)
```

Tenga en cuenta que no aparece nada en la pantalla, ya que el resultado fue almacenado en el objeto "tt". Así que sólo tiene que escribir el nombre del objeto para ver su contenido.

```
tt

    Two Sample t-test

  data: rnorm(100) and rnorm(100)

  t = -1.3792, df = 198, p-value = 0.1694
```

```
alternative hypothesis: true difference in means
is not equal to 0

95 percent confidence interval:

-0.49861179 0.08821032

sample estimates:

mean of x mean of y

-0.09627982 0.10892092
```

Tenga en cuenta que esta salida no se parece mucho al formato de lista que se muestra arriba. Pero el resultado es una lista. Usted puede comprobar eso usando el siguiente comando:

```
is.list(tt)

    [1] TRUE
```

Usted puede enumerar los nombres de los componentes de la lista con la función names (). Para este objeto con los resultados de la prueba T tenemos:

```
names(tt)

[1] "statistic"  "parameter"   "p.value" "conf.int"  "estimate"

[6] "null.value" "alternative" "method"   "data.name"
```

... y por lo tanto podemos extraer elementos individuales como, por ejemplo:

```
tt$conf.int

   [1] -0.2923768 -0.1162318
```

```
attr(,"conf.level"):

[1] 0.95
```

Este componente es un vector de tamaño 2 que muestra los límites del intervalo de confianza del 95% para la diferencia de medias, que en este caso no contiene cero. Usted puede estarse preguntando, pero este attr ("conf.level"), ¿qué es? Esto es algo que se llama atributo adicional del vector. Los atributos nos proporcionan información adicional acerca de un objeto y se utilizan con frecuencia por el programa internamente. En este caso el atributo nos dice el nivel de confianza con el que se calculó el intervalo.

MATRICES

Todo lo hecho hasta aquí se basó en vectores. Sin embargo R también es capaz de operar con matrices. He aquí cómo manipular matrices.

Creación de matrices

Hay varias maneras de crear una matriz. La matriz de la función matrix () recibe un vector como argumento y lo convierte en una matriz de acuerdo con las dimensiones especificadas.

Ejemplo:

```
x<-1:12 #crea secuencia de 1 a 12 en el objeto x
```

```
xmat<-matrix(x,ncol=3) #crea matriz de 3 colum.
usando el obj. x

xmat     #muestra la matriz creada

   [,1] [,2] [,3]

[1,] 1    5    9

[2,] 2    6    10

[3,] 3    7    11

[4,] 4    8    12
```

En este ejemplo hemos construido una matriz de 3 columnas y 4 filas utilizando los números del 1 al 12. Note que la matriz se llena a lo largo de las columnas. Para invertir este patrón se debe añadir el argumento byrow = TRUE, (que en inglés significa "por filas") para decir que la matriz debe ser completada por filas:

```
matrix(x,ncol=3,byrow=TRUE)   #prerrellenando la
                               matriz por las filas

   [,1] [,2] [,3]

[1,] 1    2    3

[2,] 4    5    6

[3,] 7    8    9

[4,] 10   11   12
```

Obteniendo información de la matriz

Puede comprobar el tamaño de una matriz con la función dim ():

```
x1<-matrix(1:12,ncol=4) #creando matriz en obj. x1

dim(x1)      #mostrando dimensiones de la matriz x1

  [1] 3 4
```

El valor de retorno es un vector con el número de filas y columnas de la matriz, en ese orden. La función summary () opera en cada columna de la matriz como si fueran vectores:

```
summary(x1)

  X1             X2             X3             X4
Min.   :1.0 Min. :4.0   Min. :7.0   Min. :10.0

1st Qu.:1.5 1st Qu.:4.5 1st Qu.:7.5 1st Qu.:10.5

Median :2.0 Median :5.0 Median :8.0 Median :11.0

Mean :2.0   Mean :5.0   Mean :8.0   Mean :11.0

3rd Qu.:2.5 3rd Qu.:5.5 3rd Qu.:8.5 3rd Qu.:11.5

Max. :3.0   Max. :6.0   Max. :9.0   Max. :12.0
```

Si desea ver un resumen de todos los elementos de la matriz puede utilizar:

```
summary(as.numeric(x1))

Min. 1st Qu. Median  Mean  3rd Qu.  Max.

1.00   3.75   6.50   6.50   9.25    12.00
```

Alternativamente, el comando de summary (as.vector (x1)) producirá el mismo resultado.

Más sobre como construir matrices

Hay otras funciones que se pueden utilizar para construir matrices - cbind y rbind aumentan o crean matrices mediante la adición ("pegado") de columnas y filas, respectivamente.

Ejemplo:

```
x<-matrix(10:1,ncol=2)  #creando una matriz
x
     [,1] [,2]
[1,] 10    5
[2,] 9     4
[3,] 8     3
[4,] 7     2
[5,] 6     1
y<-cbind(x,1:5)#observe que se añadirá 3ª colum.
y
     [,1] [,2] [,3]
[1,] 10    5    1
[2,] 9     4    2
[3,] 8     3    3
[4,] 7     2    4
```

```
[5,] 6     1     5

y<-rbind(y,c(99,99,99))  #añadiendo nueva línea...

y

    [,1]  [,2]  [,3]

[1,]  10    5     1

[2,]  9     4     2

[3,]  8     3     3

[4,]  7     2     4

[5,]  6     1     5

[6,]  99    99    99
```

Se puede usar cbind () y rbind () también con el propósito de "juntar" matrices. Vea:

```
z<-cbind(y, rep(88,6), y)

    [,1]  [,2]  [,3]  [,4]  [,5]  [,6]  [,7]

[1,]  10    5     1     88    10    5     1

[2,]  9     4     2     88    9     4     2

[3,]  8     3     3     88    8     3     3

[4,]  7     2     4     88    7     2     4

[5,]  6     1     5     88    6     1     5

[6,]  99    99    99    88    99    99    99
```

Índices de las matrices

Del mismo modo que puede extraer partes de vectores usando corchetes también se pueden extraer partes de una matriz. Pero esto es un poco más complicado ya que la matriz es un elemento que tiene dos dimensiones, mientras que los vectores sólo tienen una.

Para extraer un solo elemento de la matriz utilice los corchetes con dos números separados por comas. El primer número indica el número de fila y el segundo indica el número de columna.

```
z[2,5]
```

```
   [1] 9
```

Usted puede extraer toda una fila o toda una columna utilizando sólo un número y la coma. Para extraer una columna debe poner el número de la columna deseada después de la coma decimal. Para dibujar una fila debe poner el número de la línea después de la coma decimal.

Al extraer una fila o una columna, el resultado es un vector.

```
z[,4]        #extrayendo la cuarta columna
```

```
   [1] 88 88 88 88 88 88
```

```
z[3,]        #extrayendo la tercera fila
```

```
   [1] 8 3 3 88 8 3 3
```

Uno puede extraer incluso más de una fila o columna usando un vector de índices. En este caso el objeto resultante es una matriz.

```
z[c(1,3,5),]        #extrayendo tres columnas

    [,1] [,2] [,3] [,4] [,5] [,6] [,7]

[1,] 10   5    1    88   10   5    1

[2,] 8    3    3    88   8    3    3

[3,] 6    1    5    88   6    1    5

z[,5:7]             #extrayendo columnas...

    [,1] [,2] [,3]

[1,] 10   5    1

[2,] 9    4    2

[3,] 8    3    3

[4,] 7    2    4

[5,] 6    1    5

[6,] 99   99   99

z[c(2,3),c(4,6)]  #tomando una sub-matriz 2x2...

    [,1] [,2]

[1,] 88   4

[2,] 88   3
```

Más sobre índices...

Una cosa común durante el análisis es querer seleccionar todas las filas de una matriz que cumplan ciertas condiciones definidas por las columnas. Generalmente los datos se almacenan en matrices, donde cada fila corresponde a algún tipo de unidad, mientras que las columnas se refieren a las medidas de estas unidades. Es posible que desee seleccionar a las personas (filas) que cumplen ciertos criterios (tamaño, peso, etc.).

Ejemplo:

Vamos a definir una matriz donde las columnas almacenan: índices de 1 a 5, edad y sexo (estará definido como 0/1) de cinco personas.

```
personas<-
cbind(c(1,2,3,4,5),c(43,55,52,23,46),c(1,1,0,1,1))

personas
```

Ahora queremos extraer todas las personas que tienen más de 50 años. Podemos hacer esto con un solo comando como este:

```
ancianos<-personas[personas[,2]>50,]

ancianos
```

Tenga en cuenta que este simple comando combina varias operaciones al mismo tiempo. Podemos inspeccionar parte a parte el comando, comenzando por la parte interna:

```
personas[,2]

  [1] 43 55 52 23 46
```

Esta parte simplemente seleccionó la segunda columna de la matriz, que es un vector.

```
personas[,2]>50
```

```
[1] FALSE TRUE TRUE FALSE FALSE
```

Ahora el vector seleccionado se comparó con el número 50 para determinar qué elementos del vector eran más grandes que este valor. El resultado fue un vector lógico de TRUE y FALSE.

```
personas[personas[,2]>50, ]
```

```
     [,1] [,2] [,3]

[1,] 2    55    1

[2,] 3    52    0
```

Al final fueron seleccionadas las filas en las cuales la condición (edad> 50) era verdadera.

DATA.FRAME

Data.frames son muy parecidos a las matrices - tienen filas y columnas y por lo tanto dos dimensiones. Sin embargo, a diferencia de las matrices, cada columna puede almacenar diferentes tipos de elementos. Por ejemplo, la primera columna puede ser numérica mientras que la segunda puede estar formada por caracteres.

Estos tipos de objetos son la mejor manera de almacenar datos donde cada fila corresponde a una unidad, individuo o persona, y cada columna representa una medición realizada en cada unidad, como los datos procedentes de experimentos.

Leyendo un data.frame desde un archivo de texto

R tiene una función que lee el contenido de un archivo de texto directamente en el formato data.frame (al final de este tema está cuestión será más detallada). Un formato de datos común es en la forma de archivo de texto con una línea para cada registro, con los elementos separados por espacios o comas.

Considere el archivo "musicas.txt":

CAD3004,Frank Black, Frank Black, 15, CD

Col4851,Weather Report, Sweetnighter, 6, CD

Rep2257,Neil Young, Decade I, 19, CD

Rep4335,Neil Young, Weld, 12, CD

Chp1432,Red Hot Chili Peppers, Mother's Milk, 13, Tape

EMI1233,Primus, The Brown Album, 12, Tape

Atl4500,Led Zeppelin, Led Zep 3, 11, CD

Utilizamos la función read.table () para leer los datos y guardarlos en un objeto.

Proporcionamos el nombre del archivo (entre comillas) y el carácter de separación de los elementos (coma). El comando es:

Nota: En este comando es necesario que informe la ruta completa del archivo. Podemos usar la opción de menú desplegable "Archivo - Cambiar dir..." para modificar el directorio actual donde se encuentran el archivo que desea importar. En este caso, el comando puede citar el nombre de archivo, sin la necesidad de la ruta, como a continuación.

```
musicas<-
read.table("musicas.txt",sep=",",row.names=1,quote=
"")

musicas
```

	V2	V3	V4	V5
CAD3004	Frank Black	Frank Black	15	CD
Col4851	Weather Report	Sweetnighter	6	CD
Rep2257	Neil Young	Decade I	19	CD
Rep4335	Neil Young	Weld	12	CD
Chp1432	Red Hot Chili Peppers	Mother's Milk	13	Tape
EMI1233	Primus	The Brown Album	12	Tape
Atl4500	Led Zeppelin	Led Zep 3	11	CD

Tenga en cuenta que algunas columnas son numéricas, mientras que otras son caracteres (texto). Esto no es posible con matrices sólo con data.frame y listas.

Nota: Si las columnas están separadas por espacios o tabuladores en el archivo de texto el argumento "sep" no es necesario.

Índices como en matrices y nombres como en listas...

El archivo fue leído en algo que se parece un poco a una matriz. Se pueden utilizar índices para seleccionar las filas y columnas de la misma forma que en las matrices:

```
musicas[,3]

   [1] 15 6 19 12 13 12 11

musicas[2,]

        V2              V3           V4 V5

Col4851 Weather Report Sweetnighter 6 CD
```

Los nombres de las columnas se pueden definir como en las listas y las columnas se seleccionan utilizando el símbolo $:

```
musicas$V5

   [1] CD CD CD CD Tape Tape CD

Levels: CD Tape
```

Se puede nombrar a las columnas utilizando la función names () asociada a un vector de nombres:

```
names(musicas)<-
c('Artista','Nombre','NPistas','Formato')

musicas$Nombre

[1] Frank Black   Sweetnighter    Decade I    Weld

[5] Mother's Milk The Brown Album Led Zep 3
```

```
7 Levels: Decade I Frank Black Led Zep 3 Mother's Milk
... Weld
```

Tenga en cuenta que la primera columna, el número de catálogo, no es parte del data.frame y por lo tanto no tiene un valor en names (). Nombres de filas se pueden definir mediante la función `row.names()`:

```
row.names(musicas)
```

```
[1] "CAD3004" "Col4851" "Rep2257" "Rep4335" "Chp1432" "EMI1233"
```

```
[7] "Atl4500"
```

Cómo añadir columnas

Como en las matrices se puede utilizar la función cbind () para agregar columnas a un data.frame. Si un nombre se define en el argumento cbind () este nombre se asocia a la nueva columna. Vea:

```
musicas<-cbind(musicas,Pista=c(7,6,9,10,9,8,8))
```

```
musicas
```

	Artista	Nombre	NPistas	Formato	Pista
CAD3004	Frank Black	Frank Black	15	CD	7
Col4851	Weather Report	Sweetnighter	6	CD	6
Rep2257	Neil Young	Decade I	19	CD	9
Rep4335	Neil Young	Weld	12	CD	10
Chp1432	Red Hot Chili Peppers	Mother's Milk	13	Tape	9
EMI1233	Primus	The Brown Album	12	Tape	8

CARACTERES Y FACTORES

Toda columna que la función read.table () encuentra que no está compuesta exclusivamente de números se define como un factor. Es posible que desee que ciertas columnas sean factores mientras que otras no. En el ejemplo anterior, la columna "Formato" es categórica y también "Artista", pero "Nombre" probablemente no lo es. Las columnas se pueden convertir de un formato a otro:

```
is.factor(musicas$Nombre)

    [1] TRUE

musicas$Nombre<-as.character(musicas$Nombre)

musicas$Artista<-as.character(musicas$Artista)
```

ARRAYS

Los arrays son objetos con propiedades similares a los data.frames, pero son multidimensionales. Se crean mediante la función array ().

```
x<-1:18      #un vector con tamaño igual a 18.

A<-array(x,c(3,2,3))
```

45

```
, , 1

   [,1] [,2] [,3]

[1,] 1   4   7

[2,] 2   5   8

[3,] 3   6   9

, , 2

   [,1] [,2] [,3]

[1,] 10  13  16

[2,] 11  14  17

[3,] 12  15  18
```

A[,,1] #todos los valores de la 1ª posición de la
         tercera dimensión.

```
   [,1] [,2] [,3]

[1,] 1   4   7

[2,] 2   5   8

[3,] 3   6   9
```

Introducción de Datos

Varios comandos pueden ser utilizados, tales como los mencionados anteriormente. Entre las funciones que le permiten importar datos se incluyen: scan (), edit (), read.table () y data ().

Uso de la función scan ()

Esta función permite el uso del prompt para entrada de datos en un vector sin la separación por comas o la edición de cada valor en una línea separada.

Ejemplo:

Supongamos que desea crear un vector con una columna de valores que ya ha escrito con un editor de texto (un valor en cada fila). A continuación, puede utilizar los comandos "Copiar" y "Pegar" que ofrece el sistema operativo. Luego sólo tiene que escribir scan () y después "pegar"...

```
test<-scan()        #usado para entrada de datos
    1:  10
    2:  20
    3:  30
    4:  40
    5:  50
```

```
6:
Read 5 items
```

test #compruebe que los valores están almacenados

Uso de la función edit ()

Es abierta una hoja de cálculo para la digitalización de los datos que se pueden almacenar como data.frame, cambio de función, etc.

Ejemplo:

Utilizando el objeto llamado "musicas" suponga que desea cambiar el nombre del artista o formato de la última línea de "CD" a "Vinilo". Sólo tiene que utilizar la función edit (). Vea:

```
musicas2<-edit(musicas)
```

Para cambiar la casilla deseada basta con hacer doble clic e introducir el nuevo valor. Para salir basta con hacer clic en la "X".

Uso de la función read.table ()

Esta es una herramienta muy útil. R puede leer archivos de texto (ASCII) y también en otros formatos (Excel, SAS, SPSS, etc.), e incluso acceder a bases de datos SQL. Pero las funciones necesarias para llevar a cabo algunas de estas operaciones no están en la biblioteca BASE. Por lo tanto, nos limitaremos sólo al primer caso: el de código ASCII (archivos de texto). La función se usa de la siguiente manera:

```
read.table("dirección completa del archivo de
datos",h=T)
```

Nota: "h = T" es necesario si la primera línea del archivo de datos contiene información sobre los nombres de columna (fila de encabezado). De lo contrario, escribir h = F; Otra observación importante es que las barras en la dirección deben estar en este sentido: "/", incluso cuando el sistema operativo en cuestión es Windows.

Lectura de datos desde un archivo ASCII

Ejemplo:

Se quiere leer los datos del archivo "coord.dad" que contiene las coordenadas espaciales de 10 puntos. Las columnas se separan por un espacio en blanco. Vea el archivo:

x y z

1 2 9

2 2 8

3 5 9

4 5 10

5 8 7

6 8 6

7 11 5

8 11 5

9 14 3

10 14 3

Tenga en cuenta que la primera fila es de cabecera. Si este archivo estuviera guardado en un disquete, sólo tendría que escribir:

```
puntos<-read.table("A:/coord.dad",#ruta completa archivo

sep="",                          #carácter de separación

h=T)                             #primera fila es cabecera
```

Nota: Para leer los archivos de datos contenidos en R se utiliza la función data ().

OPERACIONES CON VECTORES Y MATRICES

Vamos a usar un gran ejemplo para mostrar algunas de las operaciones posibles con matrices y vectores.

Ejemplo:

Comenzaremos creando los vectores que conformarán las columnas de una matriz. Vea:

```
columna1<-c(2,1,0)

columna2<-c(1,3,1)

columna3<-c(1,1,2)
```

Producto de vectores:

```
columna1%*%columna1    #una multiplicación de la
                        columna 1 por ella misma

   [,1]

[1,] 5
```

Tenga en cuenta que si deseara la suma de los cuadrados de los valores en el vector, entonces hariamos columna1 * columna1, de ahí la importancia del uso del símbolo "%" antes y después del asterisco. Vea:

```
columna1*columna1
```

```
[1] 4 1 0
```

Ahora crearemos una matriz de nombre A con los vectores ya creados. Tenga en cuenta que hay otras formas de crear matrices.

```
A<-cbind(columna1,columna2,columna3)
```

```
A
```

```
   columna1 columna2 columna3
[1,] 2        1        1
[2,] 1        3        1
[3,] 0        1        2
```

Obteniendo la transpuesta de A

```
t(A)
```

```
        [,1] [,2] [,3]
columna1  2    1    0
columna2  1    3    1
columna3  1    1    2
```

Ahora, sólo como ejemplo, vamos a hacer algunos cálculos.

```
t(A)%*%A    #A'A (A transpuesta "veces" A)
```

```
        columna1 columna2 columna3
columna1 5        5        3
```

```
columna2   5        11       6

columna3 3          6        6
```

Por último, la inversa de una matriz no singular cuadrada:

```
resolver(A)           #inversa de la matriz A

         [,1]            [,2]            [,3]
columna1 0.5555556 -0.1111111 -0.2222222

columna2 -0.2222222 0.4444444 -0.1111111

columna3 0.1111111 -0.2222222 0.5555556
```

Si aún tiene alguna duda, puede probar la validez de la operación anterior con un simple algebrismo. Multiplique la inversa por la matriz "normal" y el resultado debe ser una matriz identidad con las mismas dimensiones de la matriz a la que se desea testar. Vea:

```
resolver(A)%*%A   #comprobación

        columna1  columna2      columna3
columna1 1        -2.775558e-17  0

columna2 0        1.000000e+00   0

columna3 0        0.000000e+00   1
```

Para redondear con 5 lugares decimales, por ejemplo, podemos escribir:

```
round(resolver(A)%*%A)

        columna1 columna2 columna3
```

```
columna1 1        0          0

columna2 0        1          0

columna3 0        0          1
```

Otro ejemplo: inversa de la matriz A'A:

```
resolver(t(A)%*%A)

          columna1    columna2    columna3

columna1 0.37037037 -0.1481481 -0.03703704

columna2 -0.14814815 0.2592593 -0.18518519

columna3 -0.03703704 -0.1851852 0.37037037
```

ALGUNAS FUNCIONES DISPONIBLES

La siguiente tabla muestra algunas de las operaciones lógicas y otras funciones disponibles en R.

Símbolo	Significado
!=	Diferente
%%	Modulo
%/%	División entera
+, -, *, /	Suma, resta, multiplicación, división

** ó ^	Potencia
<, >	Menor, mayor que
<=, >=	Menor o igual, mayor o igual que
==	Igual
max( ), min( ), range( )	Máximo, mínimo y amplitud
sum(x)	Suma total de x
mean(x), var(x)	Media aritmética, varianza de la muestra de x
cor(x,y)	Correlación entre los vectores x e Y
median(x)	Mediana de x
order(x)	Vector conteniendo las posiciones ordenadas crecientes de x
sort(x)	Versión ordenada de x
rank(x)	Devuelve el vector con la clasificación creciente de x
ColSums(A)	Devuelve la suma de las columnas de la matriz A

Usando algunos tipos de combinación de operaciones:

Por ejemplo, vamos a crear un vector con una secuencia de 0 a 10:

```
x<-0:10

sum(x)     #suma de esta secuencia

   [1] 55

sum(x<5) #una forma de descubrir cuantos valores<5

   [1] 5

sum(x[x<5])#suma de los valores menores que 5

   [1] 10

x<5        #obteniendo la respuesta lógica de x<5

   [1] T T T T T F F F F F
```

Usted puede imaginar que los valores falsos fueron representados por cero (0) y los verdaderos valores por un valor (1). Multiplicando valores lógicos por valores numéricos se obtienen valores numéricos.

```
1*(x<5)

   [1] 1 1 1 1 1 0 0 0 0 0
```

Ahora imagine la multiplicación de los valores del vector x por los valores lógicos del valor x en la condición discriminada:

```
x*(x<5)

   [1] 0 1 2 3 4 5 0 0 0 0 0
```

Cuando aplicamos la función sum (x), tenemos la respuesta de la suma de los valores de los números 0 + 1 + 2 + 3 + 4 + 5 = 10.

```
sum(x*(x<5))
```

```
[1] 10
```

Ahora se da cuenta de la diferencia entre el uso de paréntesis o corchetes.

Para saber cuál es la posición de un valor o de ciertos valores puede ser utilizado:

```
which(x<=5)
```

```
[1] 1 2 3 4 5 6
```

Además de estas opciones se puede contar con los operadores conjuntos como: intersect (x, y) union (x, y) setdiff (x, y) setequal (x, y), unique (x, y). Para obtener más información consulte la ayuda de R.

GUARDAR Y LEER ARCHIVOS *.R

Para guardar el archivo de trabajo debe hacer clic en la barra de herramientas en: File -> Save Workspace ... -> elegir la ubicación para guardar y nombrar el archivo o, en la línea de comandos (prompt) de R Console, introduzca el siguiente comando:

`save.image("RUTA/nombre_del_archivo.RData")`, donde RUTA es la ubicación de destino (o carpeta) donde se guardará el archivo.

Para leer un archivo debe:

File -> Load Workspace... -> elegir la ubicación y el archivo deseado o utilizar el comando load ("RUTA /nombre_del_archivo") en el prompt de comandos del sistema R.

El uso de esta operación, cuando se trabaja con archivos en R, es la capacidad de haber almacenado todos los objetos creados en el análisis lo que facilita el trabajo de revisión.

LAS FUNCIONES

ENTENDER EL CONCEPTO DE FUNCIÓN

Algunos usuarios consideran como una de las mayores ventajas de R la facilidad de crear nuevas funciones, pero debe tenerse en cuenta que ya hay varias funciones disponibles. Ahora vamos a crear algunas funciones simples. Para crear una función es necesario llevar a cabo la asignación de la siguiente manera:

```
nombre_de_funcion<-function(argumento1, argumento2,
..., argumento n)
```

Siendo el uso de la función dado por:

```
nombre_de_funcion(argumento1, argumento2, ...,
argumento n)
```

Ejemplo:

Vamos a comenzar con un ejemplo muy sencillo de cómo crear y utilizar una función en R. Una función puede ser creada para realizar diversas operaciones de forma automática y es programada (creada) con procedimientos algorítmicos (pasos). Pero también puede ser utilizada para realizar una tarea simple, como mostraremos. El problema es que no es habitual programar una función que realiza un comando de línea solamente.

Vamos a crear una función que ejecute apenas una línea de comandos. Vea:

```
media<-function(datos)#donde datos será el
parámetro de entrada

{              #la "{" indica el inicio (begin)

print(sum(datos)/length(datos)) #será mostrado en
la pantalla la media de "datos"

}              #ya la "}" representa el fin (end)
```

En este momento la función está lista y cargada en la memoria. Ahora vamos a crear un conjunto de datos y calcular el promedio de este con la función que se acaba de crear.

```
x<-1:10 #creando un conjunto de datos cualquiera

media(x)#el parámetro no necesita llamar "datos"

   [1] 5.5

mean(x) #solo para comprobar!

   [1] 5.5
```

Por lo general, se utiliza un editor de texto por la comodidad y las características que este presenta en la edición de funciones y rutinas de análisis de datos en R. Utilizando el ya conocido "copiar y pegar" de forma que se hace más sencillo arreglar posibles errores de programación (cuando esto sucede debido a un error debido al montaje del algoritmo).

Si sólo desea ver el contenido de una función ya creada basta escribir su nombre en el prompt de comando:

```
media

function(datos)    #donde datos será el parámetro de
entrada

    {         #la "{" indica el inicio (begin)

print(sum(datos)/length(datos))#será mostrado en la
pantalla la media de "datos"

}            #ya la "}" representa el fin(end)
```

EJECUCIONES CONDICIONALES

El lenguaje R dispone de orden condicional de la siguiente forma:

if (condición) "expres_1" else expres_2

Cuando el resultado de la condición debe ser un valor lógico (T-TRUE o F-FALSE), si este es cierto (T) se ejecutará expres_1, de lo contrario se ejecutará expres_2. No es obligatorio el uso del condicional "else".

Los operadores lógicos & (AND ó Y) y | (OR ó O) se pueden utilizar como condiciones de una expresión if.

```
x<-6 ; y<-4        #creando algunos datos
```

```
if(x == 6 & y>3) print("Verdadero") else
print("Falso")
```

```
[1] "Verdadero"
```

Hay una versión vectorial de la construcción condicional if / else, que es la función ifelse cuya sintaxis en R es: ifelse (condición, expres_1, expres_2), y cuyo resultado es un vector. La expres_1 se aplicará si la condición es verdadera y la expres_2 en caso contrario.

```
x<-1:6          #creando el vector a ser testado
```

```
ifelse(x>=5,x+1,x-2)#condición a ser testada y
comando a ser ejecutado.
```

```
[1] -1  0  1  2  6  7
```

FUNCIONES ENVOLVIENDO CICLOS

Los ciclos son procesos iterativos en los que su función ira a ejecutar una secuencia de comandos hasta una condición previamente establecida. Es importante en estos casos que las iteraciones tengan una condición finita.

Se pueden utilizar comandos como while (condición) o for (condición). Para el caso específico del comando "for" haremos uso de un contador como será mostrado en el siguiente ejemplo. El término (i in 1:10) significa que el contador "i" irá del 1 al 10 a cada unidad (estos operadores trabajan con una unidad de los números naturales)

Ejemplo:

Esta función es capaz de calcular diversas medias y varianzas:

```
med_var<-function(...)

{

data<-list(...)

n<-length(data)

means<-numeric(n)

vars<-numeric(n)

for (i in 1:n)

{

    means[i]<-mean(data[[i]])

    vars[i]<-var(data[[i]])

}

    print(means)

    print(vars)

}
```

Invocando la función:

```
x<-rnorm(100)        #genera números pseudo-aleatórios
                     de la distrib. normal

y<-rnorm(200)

z<-rnorm(300)

med_var(x,y,z)

[1] -0.14678761 -0.10985526 -0.09748565

[1] 0.9921148 0.8865427 0.8585223
```

Otro ejemplo:

Creando una función para resolver el problema de probabilidad a través de simulación.

Considere cuatro pequeños insectos similares colocados en una caja. Considere que estos insectos sólo se diferencian por género. Dos de ellos son machos y dos son hembra. Dos insectos son seleccionados al azar. ¿Cuál es la probabilidad de que ambos insectos sean del mismo sexo cuando ambos se cogen al mismo tiempo? Respuesta: 1/3

```
simula<-function(n)

{

        #Cuatro insectos en la caja

        #entrar los nº de iteraciones

n<-n   #aquí está el número de los insectos

caja<-c("m","m","f","f")
```

```
res<-integer(n)          #crea un vector de tamaño n

for (h in 1:n)

{

    cx<-sample(caja) # al azar sin reposición

    if (cx[1]==cx[2]) {res[h]<-1} else {res[h]<-0}

}

    prob<-mean(res)

    return(prob)

}
```

Ahora usamos la función creada para hacer 10 repeticiones

```
simula(10)   #haciendo 10 iteraciones

  [1] 0.1    #recuerde que este es un pequeño nº de
muestra
```

Tenga en cuenta que cuanto mayor sea el número de iteraciones, el valor de la probabilidad se acercará a la esperada: 1/3

```
simula(1000)        #vea el valor de la probabilidad
                     para 1000 simulaciones

  [1] 0.3325
```

Función para trazar símbolos

```
simbolos<-function()

{
```

67

```
k<- 0

plot(c(0,1),c(0,1),lab=c(0,0,0),xlab="",ylab="
",type="n")

for(i in 1:9)

{

        for(j in 1:9)

        {

        points(j/10,i/10,pch=k,col=i)

k<- k+1

        }

    }

}

simbolos()
```

Nota: Esta función presenta un procedimiento no aplicado en R, por lo que devuelve un aviso " Warning menssage". Sin embargo, ella lleva a cabo la tarea requerida.

Estadística Descriptiva

La estadística descriptiva ha sido bastante generalizada con el advenimiento de las computadoras. Con el aumento de la capacidad para llevar a cabo grandes volúmenes de cálculos en pequeños intervalos de tiempo, se ha convertido en casi obligatorio un análisis descriptivo de los datos, ya sea para fines de presentación de información o incluso para el uso preliminar de esta información con el propósito de análisis (estadísticas) futuros.

En este tema, tratamos de mostrar algo relacionado con las medidas de posición y dispersión, así como dar una pequeña noción de la facilidad de obtener estos resultados utilizando R.

La presentación gráfica, como por ejemplo la creación de histogramas y ojivas, se verá más adelante en la sección "Creación de gráficos con R".

ALGUNAS NOTACIONES

Suma

De hecho, la suma no es más que una notación simplificada de diversas sumas. A pesar de su simplicidad, también tiene su lugar en R. Vea el ejemplo siguiente:

```
x<-c(1,2,3,4)        #creando un vector cualquiera

sum(x)          #obteniendo suma del vector creado
```
    [1] 10

Resolver con R ...

Considere las variables X e Y que representan, respectivamente, las notas de dos disciplinas, para un grupo de 6 estudiantes.

X = {90, 95, 97, 98, 100, 60}

Y = {60, 70, 80, 60, 90, 75}

Encuentre:

a) $\displaystyle\sum_{i=1}^{6} X_i$

```
X<-c(90,95,97,98,100,60) #creando el vector X

sum(X)                   #calculando la suma
```
    [1] 540

b) $\displaystyle\sum_{\substack{i=2 \\ i \neq 5}}^{6} Y_i^2$

```
Y<-c(60,70,80,60,90,75) #creando el vector Y
```

```
sum(Y^2)-Y[1]^2-Y[5]^2 #suma substrayendo los
                          términos de la excepción

   [1] 20525
```

Producto

Se puede hacer una analogía con la suma, señalando que esta se refiere a la multiplicación.

```
x<-c(1,2,3,4)        #creando un vector cualquiera

prod(x)              #obteniendo el producto del
vector creado

   [1] 24
```

Resolver con R ...

Teniendo en cuenta:

X = {32, 12, 45, 9, 78, 16, 54, 14}

Encuentre:

$$\prod_{i=1}^{7} X_i$$

```
X<-c(32,12,45,9,78,16,54,14)  #creando el vector X

prod(X)/X[8]         #producto, retirando la excepción

   [1] 10480803840
```

MEDICIONES DE POSICIÓN DE MUESTRA

Entre las varias medidas de dispersión, nos preocuparemos sólo con las medidas de tendencia central.

Media

La media es la medida de posición más conocida y se puede obtener fácilmente en R a través del comando media (). Vea:

```
x<-c(1,2,3,4,5)    #creando un vector

mean(x)            #obteniendo el promedio

   [1] 3
```

Mediana

La mediana es una medida de posición (tendencia central) indicada cuando el conjunto de datos tiene valores extremos.

Vale la pena recordar que la mediana se obtiene a partir del conjunto de datos cuando este se encuentra ordenado, no importando si crece o disminuye. Pero R ya tiene en cuenta la ordenación, sin la necesidad del usuario para ordenar los datos antes de ejecutar el comando que da la mediana. Vea:

```
x<-c(1,2,18,7,6)  #vector cualquiera no ordenado

median(x)         #obteniendo mediana

   [1] 6
```

Moda

La moda es el valor más frecuente del conjunto de datos. Un conjunto de datos puede ser unimodal, cuando sólo tiene un valor modal, bimodal cuando posee dos valores de moda, y multimidal para conjunto de datos con más de dos valores modales.

Aquí va una función desarrollada para calcular el valor modal (o los valores cuando el conjunto de datos tuviera más de un valor para la moda). Está diseñada sólo para conjuntos de datos agrupados en vectores, matrices o factores. Vea:

```
moda<-function(d)

{

      if ((is.vector(d) || is.matrix(d) ||
is.factor(d)==TRUE) &&

      (is.list(d)==FALSE))

      {

      dd<-table(d)

      valores<-which(dd==max(dd))

      vmodal<-0

      for(i in 1:(length(valores)))

            if (i==1) vmodal<-
      as.numeric(names(valores[i]))

            else
```

```
        vmodal<-
    c(vmodal,as.numeric(names(valores[i])))

    if (length(vmodal)==length(dd))

        print("conjunto sin valor modal")

        else return(vmodal)

    }

    else print("el parámetro debe ser un vector o
una matriz")

}

x<-c(1,2,3,4,5,5,5,5,5,6,6,7,7,8)

moda(x)

    [1] 5
```

Resolver con R ...

Teniendo en cuenta los datos que figuran a continuación, busque la media, la mediana y la moda de los datos:

20 7 5 9 6 21 24 10 12 22 21 16 13 6 6 2 19 3 10 7 2 18 4 6 18 12 4 13 9 3

```
x<-scan()    #use copiar y pegar, para crear el
conjunto de datos

mean(x)    #obteniendo el valor de la media

    [1] 10.93333

median(x)    #observe que no es necesario ordenar
```

```
[1] 9.5
```

```
moda(x)      #después introducir la función de
cálculo de moda en R
```

```
[1] 6
```

MEDIDAS DE DISPERSIÓN DE LA MUESTRA

Las medidas de dispersión también son elementos clave en la caracterización de un conjunto de datos. Algunas de ellas se citan a continuación.

Varianza

Con solo un comando podemos obtener la varianza en R. Vea el ejemplo siguiente:

```
x<-c(1,2,3,4,5)          #creando un vector
```

```
var(x)                   #obteniendo la variancia
```

```
[1] 2.5
```

Desviación estándar

Puede ser obtenida por:

```
x<-c(1,2,3,4,5)   #un vector cualquiera
```

```
sd(x)             #obteniendo la desviación
estándar
```

```
[1] 1.581139
```

O por

```
sqrt(var(x))        #definiciones...

[1] 1.581139
```

Amplitud total

La amplitud total se puede conseguir de una forma indirecta, substrayendo el máximo valor del conjunto de datos para el mínimo de este. Vea el ejemplo:

```
x<-c(2,4,5,6,10)    #un conjunto de datos cualquiera

range(x)            #muestra el min(x) y el max(x)

[1] 2 10

max(x)-min(x)       #amplitud total indirectamente

[1] 8
```

Resolver con R ...

Un psicólogo quiere información sobre el grado de dispersión de los datos respecto a la edad de los visitantes de un grupo de Alcohólicos Anónimos. Recogió los siguientes datos: 33 17 39 78 29 32 54 22 38 18

Él quiere saber la varianza, la desviación estándar, la amplitud total, el error estándar de la media y el coeficiente de variación de su conjunto de datos.

```
x<-c(33,17,39,78,29,32,54,22,38,18)#conjunto de
datos

var(x)                    #variancia

   [1] 339.5556

sd(x)                     #desviación estándar

   [1] 18.42703

max(x)-min(x)             #amplitud total

   [1] 61

sd(x)/sqrt(length(x))     #error estándar de la media

   [1] 5.82714

sd(x)/mean(x)*100         #coeficiente variación en %

[1] 51.1862
```

COVARIANZA Y CORRELACIÓN

La covarianza y la correlación entre dos conjuntos de datos cualquiera se pueden obtener por medio de los comandos cov (x, y) y cor (x, y), respectivamente. Vea el ejemplo:

```
x<-c(1,2,3,4,5)    #creando un vector cualquiera

y<-c(6,7,8,9,10)   #creando otro vector

cov(x,y)    #obteniendo la covarianza entre x e y
```

```
   [1] 2.5

cor(x,y)              #obteniendo la correlación

   [1] 1
```

SOBRE PROBABILIDAD

ALGUNAS DISTRIBUCIONES

Diversas situaciones reales a menudo se aproximan de ciertas distribuciones estocásticas definidas por algunas hipótesis. De ahí la importancia de conocer y manipular algunas de estas distribuciones tan presentes en nuestra vida cotidiana.

Vea la lista de abajo con algunas funciones para generar valores de las muestras de distribuciones y sus respectivos parámetros. En los detalles de cada función, los valores indicados (como por ejemplo: mean = 0, en la distribución normal) son los posibles, por definición (default), pero pueden ser cambiados por el usuario a su voluntad, ya los que no están indicados significa que el parámetro debe ser especificado por el usuario.

Distribución/función	Función
Beta	rbeta(m,shape1,shape2)
Binomial	rbinom(n,size,prob)
Binomial negativa	rnbinom(n, size,prob)
Cauchy	rcauchy(n,location=0,scale=1)
Estadistica de Wilcoxon's	rwilcox(nn,m,n,n),rsignrank(nn,n)

Exponencial	rexp(n,rate=1)
Fisher-Snedecor(F)	rf(n,df1,df2)
Gamma	rgamma(n,shape,scale=1)
Gauss(normal)	rnorm(n,mean=0,sd=1)
Geométrica	rgeom(n,prob)
Hypergeometrica	rhyper(nn,m,n,k)
Logística	rlogis(n,location=0,scale=1)
Log-normal	rlnorm(n,meanlog=0,sdlog=1)
Poisson	rpois(n,lambda)
Chi.cuadrado (x^2)	rchisq(n,df)
'Student' (t)	rt(n,df)
Uniforme	runif(n,min=0,max=1)
Weibull	rweibull(n,shape,scale=1)

Además, otras letras (p, d, q, además de r) añadidas previamente al código de las distribuciones pueden ser usadas con diferentes propósitos. En resumen tenemos:

r: generador de números aleatorios. Requiere argumentos especificando el tamaño de la muestra, más allá de los parámetros necesarios por la distribución de interés;

p: función de probabilidad. Requiere un vector de percentiles más allá de los parámetros necesarios por la distribución de interés;

d: función de densidad. Requiere un vector de percentiles más allá de los parámetros necesarios por la distribución de interés;

q: función de percentiles. Se requiere un vector de probabilidades ($0 < p < 1$), más allá de los parámetros necesarios para la distribución de interés.

Ejemplos:

La probabilidad de ocurrencia de un valor inferior a 20 en una distribución normal de media 50 y desviación estándar igual a 15 puede obtenerse con el código de abajo:

```
pnorm(20, #el valor referencia para el cálculo de
la probabilidad

50,       #el segundo parámetro se refiere a la
media

15)       #y por último el valor de la desviación
estándar

    [1] 0.02275013
```

Pruebe ahora a intentar encontrar el valor de la probabilidad de ocurrencia de valores menores o iguales al valor de la media. ¿Cuál sería el resultado esperado?

```
pnorm(50,50,15)

    [1] 0.5
```

También puede ver lo que sucede cuando se cambia el valor de la desviación estándar en el caso anterior.

Ahora bien, si desea calcular el percentil 0,96 de una distribución Chi-cuadrado con 5 grados de libertad de uso:

```
qchisq(0.96,5)

  [1] 11.64433
```

La letra d antes de los códigos se puede utilizar, de manera muy interesante como se verá a continuación, para hacer el gráfico de la distribución de una variable aleatoria continua (función de densidad de probabilidad o como es más conocida: f.d.p.). Por ejemplo, para dibujar la curva de una distribución normal estándar en el intervalo [-3,3] haga lo siguiente:

```
curve(dnorm(x),-3,3)    #diseña una curva de
distrib normal en [-3,3]
```

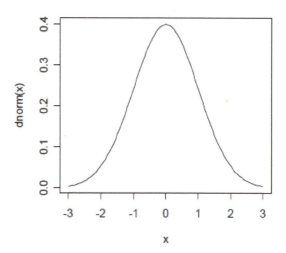

Usando esa función podríamos comparar diferentes formas de distribución de ciertas variables aleatorias cuando los valores de sus parámetros se cambian. El ejemplo siguiente muestra la distribución Chi-cuadrado cuando sus valores de grados de libertad se alternan entre 1, 5 y 10. Vea:

```
curve(dchisq(x,1),1,30)          #chi-quadrado: 1
grado de liberdad

curve(dchisq(x,5),1,30,add=T) #ahora con 5 grados
de liberdad

curve(dchisq(x,10),1,30,add=T) #y por último 10
grados de liberdad
```

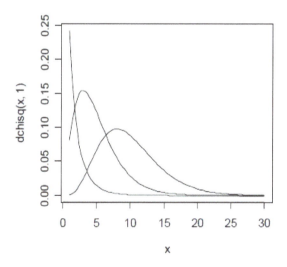

Si la variable es discreta, debemos sustituir la función "curve" por "points" (el comando plot () también funciona). Vea en ?points como usar este comando. En este caso es necesario utilizar el argumento type="h" para dibujar líneas verticales sobre los valores de x. Vea el ejemplo en el tópico "binomio" a continuación.

Binomio

La distribución binomio además de la distribución de Bernoulli cuando repetimos un ensayo (a veces conocido como "pruebas") de Bernoulli "n" veces. Donde p es la probabilidad de éxito. Vea:

Resolver con R ...

Considere que la probabilidad de que cierta pieza artesanal sea producida con perfección por el artesano es igual a 0,5. Considere que el artesano produce 6 piezas a la vez. Se pide:

a) Obtener la distribución de probabilidades del número de piezas perfectas producidas por el artesano (en una vez - 6 piezas);

```
bino<-dbinom(0:6,6,.5)  #obteniendo la tabla

bino

   [1] 0.015625 0.093750 0.234375 0.312500 0.234375
0.093750 0.015625

plot(0:6,    #intervalo deseado

bino,        #vector con los valores de probabilidad

type="h",    #adiciona un trazo del eje al punto

xlab='valores de x',    #texto del eje x

ylab='probabilidades de x',    #texto del eje y
```

84

```
main='Distribución de probabilidad de X') #título
```

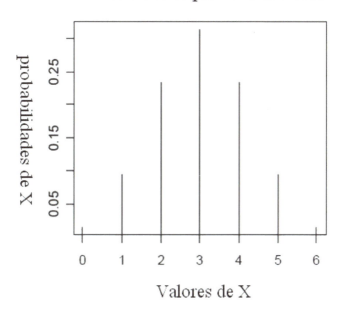

Distribución de probabilidad de X

Poisson

La distribución de Poisson se utiliza cuando no es práctico o incluso posible determinar el número de fallos o el número total de pruebas de un experimento. Es muy útil para describir la probabilidad del número de ocurrencias en un campo o intervalo continuo (por lo general de tiempo o espacio). Vea el siguiente ejemplo:

Resolver con R ...

En un trabajo de campo realizado por un topografo hay un promedio de 4 errores por km2 manifiestos. Se pregunta:

a) ¿Cuál es la probabilidad de que un km2 contenga al menos un craso error?

```
dpois(0,4)
```

```
[1] 0.01831564
```

b) Estime el número probable de km2 que no contienen errores en un área de 100 km2.

```
dpois(0,4)*100
```

```
[1] 1.831564
```

Normal

Con mucho la más popular de las distribuciones de probabilidad, tiene algunas peculiaridades que la hacen especial. La distribución normal permite realizar varios procedimientos estadísticos que no son posibles en otras distribuciones como la prueba t - de Student entre otras. He aquí algunos ejemplos que involucran esta distribución:

Resolver con R ...

Suponga que un investigador recogió datos de estatura de jóvenes en edad de alistamiento militar. Sabiendo que la estatura de una cierta población sigue la distribución normal, el investigador puede escribir X ~ N (170; 36), donde X es la variable aleatoria altura con unidades en centímetros. Se pregunta:

a) ¿Cuál es la probabilidad de encontrar un joven con más de 1,79 metros de altura?

```r
1-pnorm(179,170,6)

  [1] 0.0668072

curve(dnorm(x,170,6),    #distr normal: media=170 y
desv. estándar=6

152,188,                 #limites inferior y
superior del gráfico

main="X~N(170,36)",      #título del gráfico

ylab="probabilidad")     #texto del eje y

lines(c(182,182),        #inicio y fin de la línea
en rel al eje x

c(0,0.06),               #inicio y fin de la línea
en rel al eje y

col=2)                   #color de la línea: rojo
```

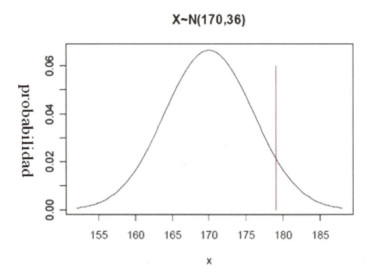

El valor de la probabilidad encontrado corresponde exactamente al área de la gráfica bajo la curva normal y a la derecha de la línea roja.

b) Encuentre el valor de la altura para la que la probabilidad de encontrar valores inferiores que el de este sea del 80%.

```
qnorm(0.8,170,6)
```

```
[1] 175.0497
```

GENERACIÓN DE NÚMEROS ALEATORIOS

R puede generar números aleatorios de diversas maneras. Se puede generar cualquier número dentro de un rango o distribución de interés predeterminado.

Vamos a ver las dos formas a continuación:

Generar números en intervalos pre-definidos

Primero debe establecer el intervalo, es decir, los valores que el(los) número(s) generado(s) puede(n) tomar. Luego se debe determinar la cantidad de números que se generarán, con o sin reemplazo. Vea el siguiente ejemplo:

Ejemplo:

Para simular el lanzamiento de un dado 100 veces utilizando R, podemos utilizar el comando sample (), donde el primer parámetro del paréntesis indica qué valores se pueden asumir (en nuestro caso, los 6 valores contenidos en las 6 caras del dado), entonces indicamos el número de veces que queremos "tirar el dado" y también hay que decir a R que los números se pueden repetir, es decir, "con reemplazo (re = TRUE)."

```
x<-c(1,2,3,4,5,6) #determinado que valores pueden
ser asumidos

sample(x,   #aquí mandamos sortear entre los
valores de x

100,       #aquí va el tamaño de la muestra
```

```
re=TRUE)    #re abrevia "replace" del inglés,
                         indicando reemplazo

[1] 4 2 4 2 6 1 3 5 5 5 2 4 6 3 6 6 6 3 4 6 4 6 4 3 6 5 4

[28] 6 3 4 5 3 2 3 4 4 5 3 2 4 3 2 3 1 4 4 1 6 1 6 1 2 4 5

[55] 6 4 5 4 5 3 5 6 6 3 6 4 3 1 6 6 1 1 3 5 5 5 6 6 5 3 6

[82] 4 4 5 1 2 5 2 5 5 3 3 1 5 2 5 4 1 1 3
```

Generar números de una distribución de interés

En R hay varias funciones (distribuciones) listas para generar números aleatorios.

Sólo tiene que utilizar el siguiente código: letra "r", seguido de la distribución de interés y sus parámetros. Vea el siguiente ejemplo:

```
runif(1)    #genera un número aleatorio de una
distribución uniforme.

En esa distribución el único parámetro exigido es
el tamaño de la muestra

   [1] 0.8318596

#otro exemplo, distribución normal:

#tamaño de la muestra es 10; media 30; desvío
estándar 5

rnorm(10,30,5)

[1] 22.66061 32.23040 20.74191 24.96324 36.26748 35.04722

[7] 33.33221 27.13449 28.04094 25.90274
```

LOS GRÁFICOS CON R

R es una poderosa herramienta en relación a la confección de gráficos y similares. En estadística, en particular, permite la creación de histogramas, ojivas, curvas de distribuciones y regresión y mucho más.

En los análisis estadísticos, podemos hacer uso de herramientas gráficas para hacer un estudio inicial de nuestros datos. A menudo es mucho más simple la comprensión de un problema o situación si podemos visualizar gráficamente las variables involucradas.

Puede ver algunos ejemplos de los gráficos que se pueden crear en R con el siguiente comando:

```
demo(graphics)
```

R tiene diferentes funciones generadoras de gráficos y éstas se clasifican en:

Funciones gráficas de alto nivel: crean nuevos gráficos en la ventana, definiendo ejes, título, etc. Ejemplos: plot, hist, image, contour, etc.

Funciones gráficas de bajo nivel: permiten añadir nueva información en gráficos ya creados como datos nuevos, líneas, etc. Ejemplos: points, lines, abline, polygon, legend, etc.

<u>Funciones gráficas iterativas</u>: permiten retirar o agregar información a los gráficos existentes, utilizando por ejemplo el cursor del ratón. Ejemplos: locator, identify.

USO DE LA FUNCIÓN PLOT ()

Un gráfico simple

La función plot () inicia un nuevo gráfico. En su forma más simple la función recibe los valores de las coordenadas x e y:

```
x<-1:20

y<-x**3

plot(x,y)          #traza las variables x e y.
```

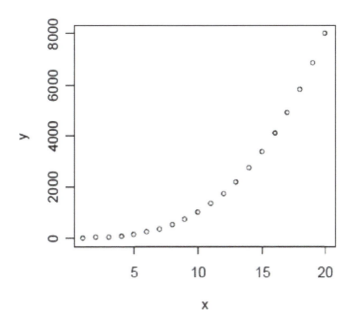

Este último comando hace que R abra una nueva ventana. Nuevos gráficos sobrescribirán el gráfico en la misma ventana.

Todos los cambios que se generen dentro de una función gráfica se consideran cambios temporales, vea algunas de las opciones abajo.

Gráficos con líneas que unen puntos se pueden obtener utilizando el argumento opcional type = "l" (letra L minúscula) en la función plot ():

```
plot(x,y,type="l")
```

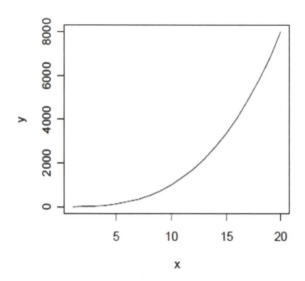

Hay otras opciones para gráficos. Examine estos ejemplos:

```
plot(x,y,type="b")
```

```
plot(x,y,type="o")
```

```
plot(x,y,type="s")
```

```
plot(x,y,type="c")
```

```
plot(x,y,type="h")
```

Si desea más información sobre el comando plot () escriba ?plot en el prompt de R Console.

Añadiendo más datos a un gráfico

Se pueden agregar puntos o líneas a un gráfico ya existente utilizando las funciones points y lines:

```
plot(x,y)

points(rev(x),y)

lines(x,8000-y)
```

Cambiando el patrón de los puntos

Se pueden utilizar diferentes estándares para los puntos utilizando el argumento pch=. Los diferentes tipos de símbolos están asociados con diferentes números. Puede utilizar caracteres como el símbolo deseado.

```
plot(x,y)

points(rev(x),y,pch=3)   #añade cruces

points(x,8000-y,pch="%")#usando el símbolo %
```

Los primeros símbolos numéricos para gráficos son los siguientes:

Los números 7 a 14 son composiciones de símbolos obtenidos mediante la superposición de los símbolos básicos. Los números 15 a 18 son versiones sólidas de los símbolos 0 a 4. Examine los ejemplos (o vea la función que generaba un gráfico con símbolos):

```
plot(x,y)

plot(x,y,pch="@")

plot(x,y,pch=1:3)

plot(1:20,1:20,pch=1:20)        #útil para mostrar
varios símbolos
```

Cambiando las líneas

El grosor de las líneas se puede cambiar con el argumento lwd =, mientras que los estilos de las líneas se pueden modificar con el argumento lty =:

```
plot(x,y)

lines(x,y,lwd=2)              #línea gruesa

lines(rev(x),y,lty=2)         #línea interrumpida
```

Definiendo el intervalo de los ejes

Si desea rellenar el mismo gráfico con líneas y puntos que tengan diferentes amplitudes deben utilizar el argumento type= "n". Con este argumento se crea un "gráfico en blanco", se ajustan apenas los márgenes y los ejes del gráfico y el resto se deja en blanco. A continuación se añaden las líneas y los puntos deseados. Usted debe proporcionar las coordenadas x e y que cubran la amplitud del rango de valores de todos los elementos que quiere añadir al gráfico.

Ejemplo:

```
plot(c(0,20),c(-8000,8000),type='n')

lines(x,y)

lines(x,-y)
```

Otro ejemplo:

```
plot(c(0,20),c(0,30),type='n')

segments(5,3,15,20)
```

```
lines(c(12,15,7),c(3,10,8),col="red")

abline(30,-2,lty=2,col="blue")
```

Añadiendo texto

Puede nombrar los ejes con los argumentos xlab= e ylab=. El título
se puede proporcionar utilizando la función title (), y cualquier
texto se puede añadir en cualquier lugar del gráfico mediante la
función text ():

```
plot(x,y,xlab="Eje X aquí",ylab="Eje Y aquí")

title("El título va aquí \n (note la
acentuación!!!)")

text(6,4000,"Texto en cualquier lugar")
```

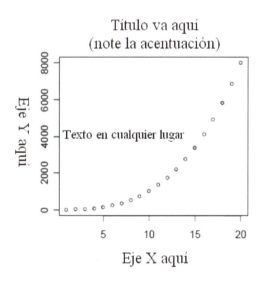

Identificadores en el gráfico

A veces es interesante identificar un punto o conjunto de puntos específicamente en un gráfico generado. Esta identificación se puede obtener fácilmente y de manera muy interactiva cuando usamos el comando identify ().

Ejemplo:

Suponga que tenemos un conjunto de ciudades y sus respectivas coordenadas planas (x e y).

Así, cada ciudad puede ser identificada individualmente por sus coordenadas. Vea:

```
x<-c(2,3,4,5,6,7,8,9)          #coordenadas x

y<-c(15,46,56,15,81,11,61,55) #coordenadas y

nombres<-paste("ciudad",LETTERS[1:8],sep="")
#nombres de las ciudades

ciudades<-data.frame(x,y,row.names=nombres)
#juntando todo...

ciudades
      #mostrando...

   x y

ciudadA 2 15

... ... ...

ciudadG 8 61
```

```
ciudadH 9 55
```

Así, la ciudadA tiene coordenadas (2,15), la ciudadB (3,46) y así sucesivamente. Podemos trazar las coordenadas de las ciudades con el fin de ver su distribución espacial.

```
plot(ciudades)
```

Resulta que no podemos distinguir fácilmente en la figura cual es la ciudadC, por ejemplo. Este problema puede ser resuelto cuando hemos indexado los nombres de las ciudades a las coordenadas trazados en el gráfico. A continuación, usamos el comando identify ().

Después de entrar con el comando, cuando se pasa el ratón sobre el gráfico este se transforma en una cruz y, haciendo clic cerca del punto que se desea identificar, su descripción se muestra instantáneamente.

```
identify(x,y, #coordenadas gráficas de los puntos

nombres, #identificación descrita de los puntos

n=3)     #número de puntos a ser identificados
```

Como podemos ver el programa también muestra en el prompt los valores de los índices de las referencias.

Múltiples Gráficos

Usted puede dar instrucciones para que el programa muestre diversos gráficos pequeños en una sola ventana en lugar de uno solo. Para ello utilice la función par ():

```
par(mfrow=c(2,2))

plot(x,y)

plot(x,y)

plot(x,2*y)

plot(x,log(y))

# etc…
```

En este caso, usted puede acomodar hasta 2x3 = 6 gráficos en la misma ventana. La pantalla se va a "limpiar" al intentar hacer el séptimo gráfico.

La función par () puede hacer otras cosas relacionadas con los gráficos. Veremos otras características más tarde, también puede consultar la documentación con help (par) o ?par.

Nota: Para volver a la configuración predeterminada con un solo gráfico por ventana escriba par (= mfrow c (1,1)) o cierre la ventana de gráficos antes de otro comando.

Otra opción para generar múltiples gráficos es a través de la función layout. Lea las instrucciones utilizando la documentación a través del comando help (layout) o ?layout.

Parámetros gráficos

Algunos parámetros pueden ser utilizados con el fin de personalizar un gráfico en R. La lista completa de estos parámetros se puede obtener con el comando ?par. A continuación se muestra un ejemplo de aplicación de la utilización de parámetros para cambiar la presentación de un gráfico.

Ejemplo:

Vamos a crear dos grupos de 10 números cada uno, generados al azar con una distribución pseudo-normal de media cero y desviación estándar igual a uno.

```
x<-rnorm(10)
```

```
y<-rnorm(10)
```

Ahora compare los dos gráficos de abajo. Ambos se refieren a los mismos objetos. Pero el segundo contiene una serie de características adicionales. También compare los códigos utilizados para generar cada uno de ellos.

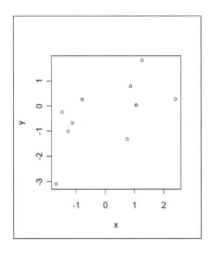
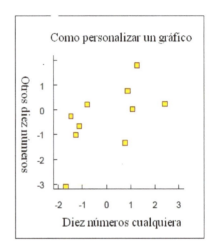

1° gráfico:

```
plot(x,y)
```

2° gráfico:

```
plot(x, y,          #traza x e y
xlab="Diez números cualquiera", #nombra el eje x
ylab="Otros diez números",      #nombra el eje y
main="Como personalizar un gráfico",#referente al
título
xlim=c(-2,3),       #limites del eje x
```

```
ylim=c(-3,2),        #limites del eje y

col="red",           #define el color de los puntos

pch=22,              #el formato de los puntos

bg="yellow",         #color de relleno

tcl=0.4,             #tamaño de los trazos de los ejes

las=1,               #orientación del texto en y

cex=1.5,             #tamaño del objeto del punto

bty="l")             #altera los bordes
```

HISTOGRAMAS

Un ejemplo sencillo

La función hist () produce un histograma de los datos informados en su argumento mientras que la función barplot () produce un gráfico de barras. Vea:

```
hist(c(2,2,2,2,2,3,3,3,4,4,5,5))
```

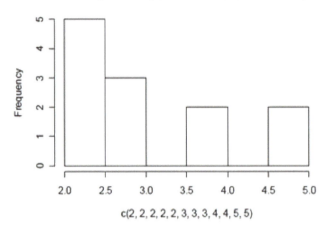

Para crear los mejores ejemplos utilizaremos la función runif ()
que genera números aleatorios con distribución uniforme entre 0
y 1, como ya se ha mencionado anteriormente en este libro. Vea:

```
x<-runif(100) #100 números aleatorios de la
distribución supracitada

hist(x)        #crea un histograma de los datos
almacenados en x
```

Esto muestra una distribución bastante uniforme de los 100
números. Pero si añadimos más números a los anteriores
obtendremos una distribución aproximadamente normal. Para
ilustrar esto vamos a primero dividir el área gráfica para dar
cabida a 4 gráficos con el comando:

```
par(mfrow=c(2,2))
```

A continuación, crearemos múltiples histogramas con "x" siendo añadido de otros valores mostrados generados por la función runif ():

```
hist(x)

x<-x+runif(10)

hist(x)

x<-x+runif(100)

hist(x)

x<-x+runif(1000)

hist(x)
```

Y poco a poco la distribución resultante se aproximará a la distribución normal.

Cambiando algunos parámetros

Los histogramas creados en R siguen un patrón determinado (conocido como parámetros default) que se puede cambiar de acuerdo a las preferencias del usuario. Usted puede obtener información detallada de estos parámetros utilizando los recursos de ayuda de R. Vamos a mostrar algo de este tema, con el siguiente ejemplo.

Ejemplo:

Vamos a crear un conjunto de datos que siga la distribución Chi-cuadrado con 1 000 elementos y 10 grados de libertad.

```
x<-rchisq(1000,10)
```

Ahora, de manera análoga al ejemplo visto anteriormente en "Parámetros gráficos", compararemos dos histogramas generados por diferentes códigos. El primero se creará de la forma más simple como sea posible y el segundo con el uso de diversos parámetros modificados por el gusto y / o las necesidades del usuario.

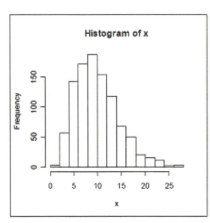 

1° gráfico

```
hist(x)
```

2° gráfico

```
hist(x,        #histograma de x

main="Histograma Personalizado\nChi-
cuadrado",título

xlab="Valores",    #texto del eje de las abscisas
```

```
ylab="Probabilidades",#texto del eje de las
ordenadas

br=c(c(0,5),c(5,15),5*3:6),#intervalos de las
clases

xlim=c(0,30),           #limites del eje de x

ylim=c(0,0.1),          #limites del eje y

col="lightblue",        #color de las columnas

border="white",         #color de los bordes de las
columnas

prob=T,              #para mostrar las probabilidades

right=T,             #intervalos cerrados a la derecha

adj=0,               #alineamiento de los textos

col.axis="red")      #color del texto en los ejes
```

Resolver con R ...

Supongamos un conjunto de datos recogidos por un maestro que se refiere al tiempo dedicado (en minutos) por los estudiantes para resolver un problema de álgebra. Vea:

25 27 18 16 21 22 21 20 18 23 27 21 19 20 21 16

Construya un histograma del conjunto de datos usando 6 clases con intervalos cerrados a la izquierda.

```
datos<-
c(25,27,18,16,21,22,21,20,18,23,27,21,19,20,21,16)
```

```
hist(datos,         #este es el conjunto de datos

nc=6,               #número de clases igual a 6

right=F,            #para el intervalo cerrado a la
izquierda

main="Histograma",#define el titulo del histograma

xlab="tiempo (en minutos)",#texto del eje x

ylab="frecuencia",#texto del eje y

col=8)      #usa el color ceniza en las barras
```

Ojiva

La ojiva es nada más que el histograma de la frecuencia acumulada en lugar de la simple. Vea la siguiente comparación:

```
par(mfrow=c(1,2)) #dos gráficos en una ventana

fi<-c(rep(2,3),rep(4,6),5,rep(6,2))
     #frecuencia simple

fa<-
c(rep(2,3),rep(4,9),rep(5,10),rep(6,12))#frecuencia
acumulada

hist(fi,nc=4,ylim=c(0,12),main="Histograma")#"freq
simple"

hist(fa,nc=4,ylim=c(0,12),main="Ojiva")
#histograma de la "acumulada"
```

GRAFICOS DE BARRAS

Compruebe los siguientes comandos:

```
barplot(table(c(2,2,2,2,2,3,3,3,4,4,5,5)))

barplot(table(c(2,2,2,2,2,3,3,3,4,4,5,5)),hor=T)
```

PRUEBAS ESTADÍSTICAS

R incluye en su gama de utilidades, una potente herramienta de la estadística contemporánea: las pruebas estadísticas. Entre ellas, se destacan las pruebas de media, ampliamente utilizadas en diversos campos del conocimiento.

PRUEBA т (DE STUDENT)

La prueba t se utiliza ampliamente en diversas situaciones cotidianas cuando se quiere hacer comparaciones entre una o más medias, ya sean dependientes o no. A continuación se presentan ejemplos de diferentes maneras de realizar la prueba t. Para todos ellos se usarán los dos vectores que siguen:

```
x<-
c(30.5,35.3,33.2,40.8,42.3,41.5,36.3,43.2,34.6,38.5
)
```

```
y<-
c(28.2,35.1,33.2,35.6,40.2,37.4,34.2,42.1,30.5,38.4
)
```

Para una media

Vamos a probar si x tiene una media igual o mayor que 35. Por lo tanto:

$$H_0 : \mu_x = 35$$

$$H_a : \mu_x > 35$$

Ahora, para llevar a cabo la prueba, simplemente introduzca el comando:

```
t.test(x,            #muestra a ser testada

mu=35,               #hipótesis de nulidad

alternative="greater") #test unilateral por la
derecha

   One Sample t-test

data: x

t = 1.9323, df = 9, p-value = 0.04268

alternative hypothesis: true mean is greater than
35

95 percent confidence interval:

35.13453 Inf

sample estimates:
```

```
mean of x

37.62
```

Ahora sólo tiene que hacer la interpretación correcta de la salida de R.

Para determinar qué hipótesis fue aceptada, sólo hay que comprobar el valor de p-value y establecer un nivel de significación. Si en este ejemplo el nivel de significancia (α) fue del 5% la hipótesis alternativa habría sido aceptada ya que p-value era menor o igual a 0,05. Si p-value era superior al 5%, entonces aceptaríamos la hipótesis nula.

Como se aceptó la hipótesis alternativa, esto implica que la muestra "x" tiene media estadísticamente diferente del valor 35 con un nivel de significación de 5%.

Vea el gráfico que interpreta este resultado:

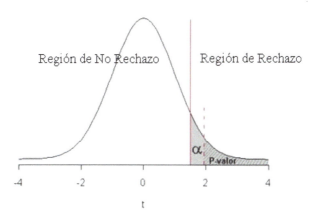

Interpretación Gráfica

Vea que la línea discontinua roja define el valor de la estadística de la prueba (t_{calc}), que en este ejemplo es 1.9323. Este valor define la parte superior de la región sombreada, que es p-value.

Tenga en cuenta que p-value es menor que el nivel de significancia α (que es toda la zona gris, incluyendo el área de p-value). Así que t_{calc} está en la región de rechazo de la hipótesis de nulidad.

Para dos medias independientes

Para llevar a cabo la prueba t se asume que las muestras tienen varianzas iguales además de seguir la distribución normal. Veamos un ejemplo:

Ejemplo:

Suponga que queremos probar si "x" e "y" poseen media estadísticamente iguales a un nivel de significancia del 1%. Suponga también que estas muestras son independientes. Entonces:

$$H_0 : \mu_x = \mu_y$$

$$H_a : \mu_x \neq \mu_v$$

Y ahora el comando ...

```
t.test(x,y,            #muestras a ser testadas

conf.level = 0.99)     #nivel de confianza

   Welch Two Sample t-test

data: x and y
```

```
t = 1.1148, df = 17.999, p-value = 0.2796

alternative hypothesis: true difference in means is
not equal to 0

99 percent confidence interval:

-3.369829 7.629829

sample estimates:

mean of x mean of y

37.62 35.49
```

El razonamiento para la interpretación del resultado se puede hacer de manera análoga al ejemplo anterior (cuando estábamos probando sólo una media).

Para dos medias dependientes

En este caso utilizamos el mismo nivel de significación del ejemplo de las muestras independientes. Las hipótesis siguen siendo las mismas:

$$H_0 : \mu_x = \mu_y$$

$$H_a : \mu_x \neq \mu_y$$

Ahora sólo tiene que añadir el argumento paired = T, indicando que las muestras son dependientes.

```
t.test(x,y,            #muestras a testar

conf.level=0.99,       #nivel de confianza
```

```
paired=T)                    #indica dependencia entre
las muestras

    Paired t-test

data: x and y

t = 3.6493, df = 9, p-value = 0.005323

alternative hypothesis: true difference in means is
not equal to 0

99 percent confidence interval:

0.2331487 4.0268513

sample estimates:

mean of the differences

2.13
```

De nuevo, el resultado de la prueba se puede obtener mediante la interpretación de p-value o utilizando el intervalo de confianza: si la media de la diferencia entre las medias estuviera contenida en el intervalo de confianza, implica que esta diferencia no es significativa.

PRUEBA F

Ejemplo:

Compruebe si dos máquinas producen piezas con la misma homogeneidad a resistencia al voltaje. Para eso fueron sorteadas las muestras que consistían de 6 piezas de cada máquina y se obtuvieron las siguientes resistencias.

Máquina A	145	127	136	142	141	137
Máquina B	143	128	132	138	142	132

¿Que se puede concluir haciendo una prueba de hipótesis adecuada para un nivel de significación del 5%?

De acuerdo con la prueba F, podemos establecer las siguientes hipótesis:

$$H_0 : \sigma_A^2 = \sigma_B^2$$

$$H_a : \sigma_A^2 \neq \sigma_B^2$$

Primero vamos a hacer la prueba paso a paso, utilizando R como una calculadora:

Para realizar los análisis en R introducimos los datos en los objetos que vamos a llamar "ma" y "mb" y calcular el tamaño de las muestras que se van a almacenar en los objetos "na" y "nb". Tenga en cuenta que ambos conjuntos de datos tienen un grado de libertad.

```
ma<-c(145,127,136,142,141,137)

na<-length(ma)

mb<-c(143,128,132,138,142,132)

nb<-length(mb)
```

Puesto que usaremos la prueba F, tenemos:

$$Fcal = \frac{mayor\ s^2}{menor\ s^2}$$

```
vma<-var(ma)

vmb<-var(mb)

fcal<-vma/vmb

fcal          #observando el valor de la estadística
del test

   [1] 1.082056

pval<-pf(fcal,na-1,nb-1,lower=F)*2 #calculando el
valor p-value

pval

   [1] 0.9331458
```

Tenga en cuenta que la multiplicación por 2 en el final de la expresión que da el valor de p-value ocurrió porque se trataba de una prueba bilateral.

Existe una manera mucho más fácil hacer una prueba F en A. Vea:

Se puede escribir una función o utilizar la función existente en el R, que para el caso es var.test. Echemos un vistazo a sus argumentos:

```
args(var.test)

    function(x, ....)
```

NULL

Tenga en cuenta que la salida no es muy informativa. Esto indica que var.test es un método con más de una función asociada. Luego usaremos:

```
?var.test
```

Luego vemos que basta informar los vectores a la función:

```
var.test(ma,mb)

    F test to compare two variances

data: ma and mb

F = 1.0821, num df = 5, denom df = 5, p-value =
0.9331

alternative hypothesis: true ratio of variances is
not equal to 1

95 percent confidence interval:

0.1514131 7.7327847

sample estimates:

ratio of variances
```

```
1.082056
```

Tenga en cuenta que este análisis se basó en la hipótesis alternativa de varianzas diferentes (prueba bi-lateral). La interpretación del resultado se puede realizar de la misma manera que en la prueba t por el valor de p-value. Como este es mayor que 0,05 o hasta 0,90 aceptamos la hipótesis de nulidad con un nivel de significancia de 5% y, si fuese viable, lo mismo con ese nivel igual al 90%.

OTRAS PRUEBAS

Chi-cuadrado

Suponga que desea evaluar si una muestra (n = 100) de los números de 0 a 10 es realmente aleatoria. Para generar la muestra basta:

```
amos<-round(runif(100)*10)
```

Para comprobar la frecuencia sólo tiene que utilizar la función table:

```
freq<-table(amos)

freq

   amos

0 1 2 3 4 5 6 7 8 9 10
```

```
5 11 11 9 13 15 9 6 9 7 5
```

Una forma práctica de captar estas frecuencias es utilizar el comando as.numeric ().

```
chisq.test(as.numeric(freq))

    Chi-squared test for given probabilities

data: as.numeric(freq)

X-squared = 11.54, df = 10, p-value = 0.317
```

Kolmogorov-Smirnov

Ejemplo:

Tome 50 personas al azar y las medidas de sus respectivas masas en kilogramos (kg).

Ahora queremos saber si este conjunto de datos sigue la distribución Chi-cuadrado con un nivel de significancia del 5%.

Vamos a suponer que ya tenemos los valores listados en el vector "pesos". Recuerde las diferentes formas de introducir datos en R.

```
46.88 47.17 64.46 67.84 85.76 65.41 60.10 75.84 61.21

61.65 63.87 53.95 63.66 69.06 76.41 75.56 69.04 35.18

66.42 58.78 73.02 51.69 90.88 53.01 64.31 61.91 79.42

57.78 62.73 60.63 63.29 46.53 84.64 61.76 85.08 59.66

54.89 94.18 59.89 68.56 75.66 72.06 62.00 43.43 73.38
```

```
73.31 66.37 73.72 66.15 67.79
```

Ahora sólo tiene que introducir correctamente el comando:

```
ks.test(pesos,    #muestra a ser testada

"pchisq",  #"p" seguido del nombre de la
distribución

49)   #son los grados de libertad de la muestra

   One-sample Kolmogorov-Smirnov test

data: pesos

D = 0.6402, p-value < 2.2e-16

alternative hypothesis: two.sided
```

Como p-value es menor o igual a 0,05 (5%), podemos asumir que los datos no tienen distribución de Chi-cuadrado a 5% de probabilidad.

Pruebas de normalidad - shapiro.test ()

A veces tenemos la necesidad de identificar con cierta confianza si una muestra o conjunto de datos sigue la distribución normal. Esto es posible, en R, con el comando shapiro.test (). Vea:

Ahora aplicando la prueba del ejemplo anterior.

```
shapiro.test(pesos)

Shapiro-Wilk normality test

data: pesos
```

```
W = 0.9835, p-value = 0.7078
```

Tenga en cuenta que no hay necesidad de informar la distribución, ya que esta prueba sólo se utiliza para la distribución normal (conocida por muchos como distribución de Gauss). Sólo para asimilar mejor el test, vea:

```
qqnorm(pesos)      #obteniendo lo normal probability
plot solo para comparación

qqline(pesos)      #colocando una línea auxiliar
```

El comando qqnorm () nos proporciona directamente un gráfico de la distribución de los porcentajes acumulados llamados de gráfico de probabilidad normal. Si los puntos de este gráfico siguen un patrón aproximado de una recta, este hecho muestra que la variable aleatoria en cuestión tiene la distribución aproximadamente normal.

Nota: Una prueba de comparaciones múltiples se abordará más adelante. Otras pruebas se pueden encontrar en la documentación de R mediante el comando help.search (nombreDePrueba).

ANÁLISIS DE VARIANZA

Estudios estadísticos contemporáneos incluyen el análisis de la varianza teniendo en cuenta que este procedimiento permite identificar y cuantificar las variaciones ocurridas en un experimento, discriminando la parte de la variación asociada al modelo por el cual el experimento fue procedido de la variación que se da debido al azar.

En R hay muchos procedimientos para llevar a cabo el ANOVA, mientras el usuario debe estar atento a elegir y realizar el análisis, debido a que algunos errores son frecuentes como, por ejemplo, no especificar algún factor u olvidar el signo en el modelo, entre otros.

La siguiente tabla muestra algunos modelos y sus formulaciones usuales:

Modelo	Formula
DIC	y ~ t donde t es una variable categórica
DBC	y ~ t+b
DQL	y ~t+l+c
Factorial/DIC	y ~N*P igual a N+P+N:P
Factorial/DBC	y ~b+N*P igual a b+N+P+N:P

Regresión linear simple	y ~x donde x es una variable exploratoria
Regresión cuadrática	y ~x+x2 donde x2 es un objeto x2<-x^2

lm() para la regresión lineal (linear models);

aov () para ANOVA, con errores NID;

glm () para ANOVA con estructura de errores especificada (generalised linear models);

nlme () para modelos mixtos (nolinear mixed-effects models);

nls () para modelos no lineales (nolinear least squares).

DIC

El DIC (diseño completamente al azar) trata de experimentos en los que los datos no son pre-separados u ordenados en categorías.

Ejemplo:

Entrada de los datos de la respuesta del experimento:

```
res<-scan()
25 31 22 33 26 25 26 29 20 28 28 31 23 27 25 34 21
24 29 28
```

Creando los nombres de los tratamientos en el orden correspondiente:

```
trat<-factor(rep(paste("tr",1:4,sep=""),5))
```

Haciendo el ANOVA:

```
resultado<-aov(res~trat)
```

Para mostrar el cuadro del ANOVA:

```
anova(resultado)

   Analysis of Variance Table

Response: res

Df Sum Sq Mean Sq F value Pr(>F)

trat 3 163.750 54.583 7.7976 0.001976 **

Residuals 16 112.000 7.000

---

Signif. codes: 0 `***' 0.001 `**' 0.01 `*' 0.05 `.'
0.1 ` ' 1
```

Se pueden obtener los gráficos del ANOVA fácilmente con:

```
plot(resultado)
```

Nota: Para todos los tipos de análisis de varianza, para todas las variables cualitativas se deben establecer factores y no vectores, es decir, el objeto que contiene los nombres (o números) de los tratamientos, de los bloques, etc., deben ser factores y no vectores.

DBC

El DBC (diseño de bloques al azar) cubre los tres principios básicos de la experimentación: repetición, azar y control local.

Tomemos el ejemplo de un análisis de varianza en R de un experimento de acuerdo con DBC.

Ejemplo:

Supongamos que una nutricionista elaboró 4 dietas y quiere aplicarlas en 20 personas con el fin de probar su eficacia en cuanto a la pérdida de peso. Ella señaló que entre esas 20 personas hay 5 grupos de franjas de peso. Entonces, para aumentar la eficacia de la prueba ella separó los 20 grupos en 5 rangos de peso. Tiene:

Dietas: dieta 1- dieta 2 - dieta 3 – dieta 4;

Grupos: peso A - peso B - peso C - peso D - peso E.

La siguiente tabla resume el valor de la pérdida de peso, redondeada en kilogramos, de cada individuo. Vea:

	Dieta 1	Dieta 2	Dieta 3	Dieta 4
Peso A	2	5	2	5
Peso B	3	7	4	3
Peso C	2	6	5	4

Peso D	4	5	1	3
Peso E	2	5	4	4

La nutricionista quiere determinar si hay diferencias significativas entre las dietas con un nivel de significación del 5%. Este es un problema típico de ANOVA usando el DBC, donde los bloques son los grupos de pesos. Vea cómo podemos proceder en R.

Creando el vector de datos o de tratamientos y el de bloques, respectivamente:

```
dad<-c(2,5,2,5,3,7,4,3,2,6,5,4,4,5,1,3,2,5,4,4)

bloc<-gl(5,4,label=c(paste("peso",LETTERS[1:5])))

trat<-rep(paste("dieta",1:4),5)
```

Ahora vamos a crear un data.frame que contiene todos los datos:

```
tabla<-
data.frame(bloques=bloc,tratamientos=factor(trat),d
atos=dad)

tabla
```

Ahora sólo tiene que entrar con el comando de forma correcta.

El comando que genera el análisis de la varianza es "aov ()" y el comando que muestra el cuadro del ANOVA es "anova ()". Entonces podemos generar el cuadro del análisis de una sola vez, asociando los dos comandos. Vea:

```
resultado<- aov( #procede de los cálculos del ANOVA
```

```
datos~tratamientos+bloques,#modelo estadístico
utilizado

tabla)      #objeto con los elementos del modelo

resultado   #llamando el objeto que contiene el
ANOVA

   Call:

aov(formula = datos ~ tratamientos + bloques, data
= tabla)

Terms:

                tratamientos   bloques   Residuals

Sum of Squares 25.2            3.2        16.8

Deg. of Freedom 3              4          12

Residual standard error: 1.183216

Estimated effects may be unbalanced
```

Pero esta no es la tabla de ANOVA con la que estamos acostumbrados a trabajar. Ahí es donde entra el comando "anova ()"

```
anova(resultado) #genera la tabla de análisis de
variancia

   Analysis of Variance Table

Response: datos

            Df Sum Sq Mean Sq F value Pr(>F)
```

```
tratamientos 3 25.2 8.4 6.0000 0.00973 **

bloques      4 3.2 0.8 0.5714 0.68854

Residuals    12 16.8 1.4

---

Signif. codes: 0 `***' 0.001 `**' 0.01 `*' 0.05 `.'
0.1 ` ' 1
```

Ahora basta interpretar los resultados: Tenga en cuenta que el efecto de los tratamientos (dietas) ocurrió de forma significativa a 1% de significancia pero el 5% fue "no significativo", lo que implica que la respuesta encontrada por la nutricionista fue: "No, las dietas no presentan diferencias significativas al 5% de probabilidad". La respuesta del ejemplo ya fue dada pero vamos a seguir utilizando este mismo ejemplo para mostrar cómo obtener más información acerca de ANOVA. Vea:

Si quisiéramos obtener los residuos, podríamos hacerlo a través del comando "resid ()", que muestra los residuos correspondientes a cada una de las 20 observaciones:

```
residuos<-resid(resultado) #generando un cuadro de
residuos

residuos

    1     2     3     4     5    6    7     8     9    10

-0.30 -0.30 -0.90  1.50 -0.05 0.95 0.35 -1.25 -1.05 -0.05

   11    12    13    14    15   16   17    18    19    20

 1.35  -0.25  1.95 -0.05 -1.65 -0.25 -0.55 -0.55 0.85 0.25
```

Podemos observar ahora que la suma de los residuos tiende a cero:

```
sum(residuos)
```

```
[1] 4.510281e-16
```

Y que la suma de los cuadrados de eses residuos corresponde a SQResiduo del ANOVA:

```
sum(residuos^2)
```

```
[1] 16.8
```

Los totales de los tratamientos pueden ser obtenidos por:

```
tapply(dad,trat,sum)
```

```
dieta 1 dieta 2 dieta 3 dieta 4
     13      28      16      19
```

Las medias de tratamientos pueden ser obtenidas por:

```
tapply(dad,trat,mean)
```

```
dieta 1 dieta 2 dieta 3 dieta 4
    2.6     5.6     3.2     3.8
```

Los totales de los bloques pueden ser obtenidos por:

```
tapply(dad,bloc,sum)
```

```
peso A peso B peso C peso D peso E
    14      17      17      13      15
```

Las medias de los bloques pueden ser obtenidas por:

```
tapply(dad,bloc,mean)
peso A peso B peso C peso D peso E
 3.50    4.25    4.25    3.25    3.75
```

Estos datos pueden ser útiles en análisis futuros.

Nota: Para cambiar ciertos valores en el conjunto de datos originales, podemos hacer tabla <-edit (tabla). Se abrirá una hoja de cálculo en R. Después de cambiar los valores de interés, simplemente cierre la ventana de la hoja que los cambios se guardarán automáticamente en el objeto "tabla".

FACTORIAL

Los experimentos factoriales son aquellos en los que se estudian dos o más factores de forma simultánea, donde cada uno de estos factores puede tener dos o más niveles. La ventaja de este tipo de experimento es que además de tener el "control" de los factores de forma individual, también consideramos la interacción entre ellos, es decir, sabemos si estos factores actúan de formas independientes o si hay interacciones entre ellos. Los experimentos factoriales pueden llevarse a cabo de acuerdo con DIC, DBC y otros modelos.

Experimentos con dos factores de acuerdo con DIC

Ejemplo:

Un ingeniero resuelve estudiar el efecto de la distancia y del ángulo de visión a la diana en el error lineal cometido en el centrado del punto a ser dirigido. También quiere saber si estos dos factores actúan relacionadamente o de forma independiente. Así que decide hacer un diseño factorial de acuerdo con un DIC con 2 repeticiones, obteniendo la siguiente tabla:

	Dist 1	Dist 2	Dist 3	Dist 4
Ang 1	0,7 0,5	1,0 1,3	1,0 0,9	0,9 0,9
Ang 2	1,5 1,6	2,0 1,2	1,2 1,3	1,6 1,2
Ang 3	0,8 1,2	1,9 0,6	1,6 1,1	1,3 1,0

La ANOVA para este experimento puede ser montada con:

```
e<-
c(0.7,0.5,1.0,1.3,1.0,0.9,0.9,0.9,1.5,1.6,2.0,1.2,1
.2,1.3,1.6,1.2,0.8,1.
2,1.9,0.6,1.6,1.1,1.3,1.0)
a<-gl(3,8,label=c(paste("Ang",1:3)))
d<-rep(gl(4,2,label=c(paste("Dist",1:4))),3)
datos<-data.frame(angulos=a,distancias=d,error=e)
```

```
anova(aov(error~distancias+angulos+distancias*angul
os,datos))

    Analysis of Variance Table

Response: error

Df Sum Sq Mean Sq F value Pr(>F)

distancias 3 0.24792 0.08264 0.6296 0.60974

angulos 2 1.21083 0.60542 4.6127 0.03266 *

distancias:angulos 6 0.34583 0.05764 0.4392 0.83909

Residuals 12 1.57500 0.13125

---

Signif. codes: 0 `***' 0.001 `**' 0.01 `*' 0.05 `.'
0.1 ` ' 1
```

La tabla de ANOVA muestra que la distancia y el ángulo actuan independientemente. También podemos ver que había una diferencia significativa sólo en los ángulos si adoptamos un nivel de significación del 1%. El resto de la variación encontrada en los valores de error se dio "sólo" debido a la casualidad.

Factorial utilizando el DBC

Experimentos factoriales también pueden llevarse a cabo de acuerdo con un diseño de bloques al azar. Vea el ejemplo:

Ejemplo:

Un ingeniero quiere probar diferentes modelos de objetivos con el fin de evaluar si el diseño afecta a los resultados. Quiere controlar el efecto de la distancia y del ángulo de visión, como en el ejemplo anterior. Entonces él selecciona tres modelos diferentes de objetivos (A, B y C) y recoge los siguientes valores para el error linear (en milímetros):

Objetivo A	Dist 1	Dist 2	Dist 3
Ang 1	0,2	0,7	0,8
Ang 2	0,4	0,8	0,9
Ang 3	0,5	1,2	1,2

Objetivo B	Dist 1	Dist 2	Dist 3
Ang 1	0,6	0,8	1,1
Ang 2	0,9	1,3	1,5
Ang 3	1,2	1,4	1,8

Objetivo C	Dist 1	Dist 2	Dist 3
Ang 1	0,7	1,1	1,5
Ang 2	0,9	1,5	1,7
Ang 3	1,2	1,7	1,5

Haciendo el ANOVA en R:

```
e<-c(0.2,0.7,0.8,0.4,0.8,0.9,0.5,1.2,1.2,
0.6,0.8,1.1,0.9,1.3,1.5,1.2,1.4,1.8,
0.7,1.1,1.5,0.9,1.5,1.7,1.2,1.7,1.5)
b<-gl(3,9,label=c(paste("OBJETIVO",LETTERS[1:3])))
a<-rep(gl(3,3,label=c(paste("Ang",1:3))),3)
d<-rep(paste("Dist",1:3),9)
datos<-
data.frame(bloque=b,angulo=a,distancia=d,error=e)
anova(aov(error~distancia+angulo+bloque+distancia*a
ngulo,datos))
   Analysis of Variance Table
Response: error
Df Sum Sq Mean Sq F value Pr(>F)
distancia 2 1.72667 0.86333 46.0444 2.305e-07 ***
angulo    2 0.98667 0.49333 26.3111 8.735e-06 ***
bloque    2 1.58000 0.79000 42.1333 4.204e-07 ***
distancia:angulo 4 0.03333 0.00833 0.4444 0.7748
Residuals 16 0.30000 0.01875
```

```
---
```

Signif. codes: 0 `***' 0.001 `**' 0.01 `*' 0.05 `.'
0.1 ` ' 1

De acuerdo con la tabla de ANOVA, podemos ver que la distancia y el ángulo de visión operaran de forma independiente, una vez que la interacción entre ellos fue "no significativa". También podemos concluir que los niveles de los factores distancia y ángulo de visión influyen en el error. Pero lo más importante es que según ANOVA se puede afirmar que existe diferencia en la eficiencia de los diferentes modelos de objetivos, en lo que dice respecto al error lineal, que era el principal objetivo del ingeniero.

EXPERIMENTOS EN PARCELAS DIVIDIDAS

El término "parcelas subdivididas", así como el "factorial" se refiere a la manera cómo los tratamientos son organizados. En este tipo de experimento se estudia dos tipos de factores de forma simultánea (factores primarios y secundarios: parcelas y subparcelas, respectivamente). R también permite el análisis de experimentos llevados a cabo de acuerdo con los experimentos de esta naturaleza. Vea el siguiente ejemplo:

Un ejemplo de acuerdo con DBC

Ejemplo:

Supongamos un experimento en parcelas divididas según el DBC como se muestra en la siguiente tabla:

	A1			A2		

Bloque	B1	B2	B3	B1	B2	B3
1	12 12	15 14	15 16	21 19	22 20	16 19
2	15 16	16 17	12 12	18 19	19 21	21 20
3	17 16	13 15	12 11	17 19	20 18	19 21
4	14 13	16 15	14 17	16 17	17 20	18 18

Vea como lo podemos resolver en R:

```
A<-gl(2,24,label=paste("A",1:2,sep=""))#crea el
factor de las parcelas

B<-rep(gl(3,8,label=paste("B",1:3,sep="")),2)
#factor de las subparcelas

bl<-rep(gl(4,2,label=paste("bl",1:4,sep="")),6)

datos<-c(12,12,15,16,17,16,14,13,

15,14,16,17,13,15,16,15,

15,16,12,12,12,11,14,17,
```

```
21,19,18,19,17,19,16,17,

22,20,19,21,20,18,17,20,

16,19,21,20,19,21,18,18) #vector de las
observaciones

tabla<-data.frame(A=A,B=B,bloque=bl,datos=datos)

salida<-
aov(datos~bloque+A+B+A*B+Error(bloque/A),tabla)

summary(salida)

   Error: bloque

Df Sum Sq Mean Sq

bloque 3 5.5000 1.8333

Error: bloque:A

Df Sum Sq Mean Sq F value Pr(>F)

A 1 252.08 252.08 59.314 0.00455 **

Residuals 3 12.75 4.25

---

Signif. codes: 0 `***' 0.001 `**' 0.01 `*' 0.05 `.'
0.1 ` ' 1

Error: Within

Df Sum Sq Mean Sq F value Pr(>F)

B 2 12.042 6.021 2.0116 0.1485
```

```
A:B 2 4.542 2.271 0.7587 0.4756

Residuals 36 107.750 2.993
```

Una información importante: si el diseño fuese el DIC, entonces el residuo se añadiría del componente representado por el bloque. Una posible forma de obtener la media de todos los niveles de los factores y sus combinaciones sería:

```
model.tables (salida, type = "means")
```

Después de obtener las medias, simplemente multiplique cada valor por el número de elementos que lo originaron.

PRUEBA DE COMPARACIÓN MÚLTIPLE

Prueba Tukey

Existen varias pruebas de comparaciones múltiples disponibles en la literatura, muchas de ellas también disponibles en R, y las que no están son una invitación a los nuevos usuarios a implementarlas con los recursos de R.

Veamos dos formas de utilizar la prueba de Tukey, la primera usando la función TukeyHSD () y la segunda haciendo los cálculos necesarios con R. En ambos casos usaremos los siguientes datos:

```
datos<-
c(25,31,22,33,26,25,26,29,20,28,28,31,23,27,25,34,2
1,24,29,28)
```

```
trat<-factor(rep(paste("tr",1:4,sep=""),5))

tabla<-data.frame(trat=trat,datos=datos)

ANOVA<-aov(datos~trat,tabla)

result1<-TukeyHSD(ANOVA,"trat")

result1

   Tukey multiple comparisons of means

95% family-wise confidence level

Tukey multiple comparisons of means

95% family-wise confidence level

Fit: aov(formula = datos ~ trat, data = tabla)

$trat

diff lwr upr p adj

tr2-tr1 4 -0.7874018 8.787402 0.1192178

tr3-tr1 3 -1.7874018 7.787402 0.3123298

tr4-tr1 8 3.2125982 12.787402 0.0010547

tr3-tr2 -1 -5.7874018 3.787402 0.9313122

tr4-tr2 4 -0.7874018 8.787402 0.1192178

tr4-tr3 5 0.2125982 9.787402 0.0391175
```

Usted también puede visualizar los resultados gráficamente a través de:

```
plot(result1)
```

De esta manera, son ofrecidos muchos valores que no son de interés e incluso a veces hasta complica la interpretación de los resultados. Otra posibilidad es utilizar la distribución de Tukey (opciones q y p implementadas) para encontrar los valores tabulados o los valores de probabilidad (véase `help(qtukey)`).

REGRESIÓN

El principal objetivo del análisis de regresión es comprobar si existe una relación, y cuantificar esa relación entre dos variables cuantitativas, tratando de formular una relación directa entre una o más variables independientes y su (s) efecto (s) sobre la variable dependiente. El mejor método para elegir el modelo matemático / estadístico que representará esa relación se puede conseguir mediante la visualización del diagrama de dispersión. Los modelos pueden ser de varias formas: lineal, cuadrática, exponencial, logarítmica, etc. Vea a seguir cómo generar algunos de estos modelos utilizando R.

POLINOMIAL SIMPLE

Lineal

Cuando los datos se agrupan siguiendo la forma de una recta, probablemente existe una relación lineal entre las variables involucradas. Vea un ejemplo típico:

Ejemplo:

Un ingeniero civil recoge datos en un laboratorio estudiando la expansión de un pilar de hormigón de acuerdo con la temperatura ambiente en el lugar donde está el pilar. Vea los datos (ficticios):

T (ºC)	18	16	25	22	20	21	23	19	17
Dilatación linear	5	3	10	8	6	7	9	6	5

¿Puedo hacer un estudio de regresión con estos datos? ¿Qué modelo usar? ¿Cómo montar la ecuación que relaciona la temperatura con la dilatación en este estudio? ¿La temperatura realmente influye en la expansión del pilar? ¿Puedo cuantificar esta relación?

Estas son las preguntas que nos podemos hacer para reunir los datos que se presentaron anteriormente. Sus respuestas se pueden encontrar haciendo un análisis de regresión. Vea:

Primero entramos con los datos en la tabla en R creando dos objetos: uno que contendrá la temperatura y otro para la expansión.

```
temp<-c(18,16,25,22,20,21,23,19,17)
```

```
dilat<-c(5,3,10,8,6,7,9,6,5)
```

El estudio de regresión puede hacerse inicialmente con la definición del modelo. Para eso vamos a visualizar los puntos trazados en un diagrama de dispersión:

```
plot(temp,dilat)  #la variable independiente debe
ir primero
```

El diagrama sugiere una tendencia lineal de los datos. Así que vamos a montar un modelo de regresión simple (simple, porque sólo hay una variable independiente - "temp" en relación con la variación de la variable dependiente - "dilat").

Montando el modelo:

```
reglin<-lm(dilat~temp)
```

```
reglin
```

```
   Call:
```

```
lm(formula = dilat ~ temp)
```

```
Coefficients:
```

```
(Intercept) temp
```

```
-8.1710 0.7323
```

De la salida anterior podemos extraer dos informaciones: el valor de la intercepción (valor donde la línea de regresión se cruza con el eje de dilatación) y el valor que representa un coeficiente de relación entre la dilatación y la temperatura, es decir, cuando la dilatación variará para cada variación unitaria de la temperatura. Estos valores son comúnmente llamados "β_0" y "β_1" respectivamente.

Luego podemos concluir que el modelo matemático / estadístico de esta regresión es:

$$\hat{Y} = \hat{\beta}_0 + \hat{\beta}_1 . X$$

$\hat{Dil} = -8{,}1710 + 0{,}7323 . T$ donde la temperatura es dada en º C y la dilatación en mm.

Podemos obtener los valores estimados (predefinidos) por los valores tabulados de "temp" de la función con el comando:

```
predict(reglin)
         1        2         3        4        5
5.009677 3.545161 10.135484 7.938710 6.474194
         6        7         8        9
7.206452 8.670968  5.741935 4.277419
```

El primer valor anterior (5.009677) representa el valor obtenido para la dilatación cuando la temperatura es 18 ° C (valor inicial del objeto "temp") y así sucesivamente hasta el último valor de "temp", generando nueve valores.

Ahora vamos a trazar de nuevo los datos y acrecentar la función que se encuentra en el diagrama:

```
plot(temp,dilat)   #trazar el diagrama de dispersión

abline(reglin)     #diseña la recta de regresión
ajustada

pred<-predict(reglin)   #usando los valores
estimados

for(i in 1:(length(temp)))

{

lines(c(temp[i],temp[i]),c(dilat[i],pred[i]))

#pequeños segmentos entre los valores observados y
los calculados

}
```

También podemos realizar un análisis de varianza en la regresión con:

```
anova(reglin)

    Analysis of Variance Table

Response: dilat

Df Sum Sq Mean Sq F value Pr(>F)

temp 1 36.938 36.938 201.40 2.048e-06 ***

Residuals 7 1.284 0.183
```

```
---

Signif. codes: 0 `***' 0.001 `**' 0.01 `*' 0.05 `.'
0.1 ` ' 1
```

Con ella podemos ver que el coeficiente β_1 ejerce influencia significativa en la regresión ya que el p-value encontrado fue del orden de 10^{-6}.

Y también obtener una gran cantidad de información con:

```
summary(reglin)

   Call:

lm(formula = dilat ~ temp)

Residuals:

Min 1Q Median 3Q Max

-0.545161 -0.206452 -0.009677 0.258065 0.722581

Coefficients:

Estimate Std. Error t value Pr(>|t|)

(Intercept) -8.1710 1.0475 -7.801 0.000107 ***

temp 0.7323 0.0516 14.191 2.05e-06 ***

---

Signif. codes: 0 `***' 0.001 `**' 0.01 `*' 0.05 `.'
0.1 ` ' 1
```

```
Residual standard error: 0.4283 on 7 degrees of
freedom

Multiple R-Squared: 0.9664, Adjusted R-squared:
0.9616

F-statistic: 201.4 on 1 and 7 DF, p-value: 2.048e-
06
```

De grado mayor que 1

Cualquier modelo de regresión polinomial se puede obtener con un simple comando: lm () que viene del inglés "linear models".

Vea el siguiente ejemplo:

```
fert<-c(10,20,30,40,50,60,70,80,90,100)

prod<-c(42,61,81,94,98,96,83,79,59,43)

plot(fert,prod)
```

Observe la necesidad del argumento "I ()" para interacciones como x^2.

```
reg<-lm(prod~fert+I(fert^2))   #modelo de regresión
cuadrática

reg

   Call:

lm(formula = prod ~ fert + I(fert^2))

Coefficients:

(Intercept) fert I(fert^2)
```

```
15.51667 2.95720 -0.02716
```

Para "diseñar" la curva ajustada...

```
curve(15.51667+2.95720*x-
0.02716*x*x,0,100,add=T,col=2)
```

Otros análisis pueden ser hechos como anteriormente en la regresión lineal. Vea uno de ellos:

```
anova(reg)

   Analysis of Variance Table

Response: prod

Df Sum Sq Mean Sq F value Pr(>F)

fert 1 7.6 7.6 0.5878 0.4683

I(fert^2) 1 3894.6 3894.6 302.2072 5.126e-07 ***

Residuals 7 90.2 12.9

---

Signif. codes: 0 '***' 0.001 '**' 0.01 '*' 0.05 '.'
0.1 ' ' 1
```

Otros modelos de regresión polimonial puede obtenerse de forma análoga. Por ejemplo, en la regresión cúbica podríamos escribir:

```
lm(y~x+I(x^2)+I(x^3))
```

Y en la de cuarto grado:

```
lm(y~x+I(x^2)+I(x^3)+I(x^4))
```

Y así sucesivamente.

POLINOMIALES MÚLTIPLES

Los modelos múltiples son aquellos en los que dos o más variables independientes influyen en la variación de la variable dependiente. Pueden ser de grado 1, 2 o mayor. El siguiente ejemplo describe una regresión polinomial múltiple de 3º grado. Vea:

Ejemplo:

Supongamos que queremos ajustar una superficie de tendencia - una ecuación de regresión polinomial de grado 3 que describe el comportamiento de las coordenadas de los puntos que representan el relieve de un lugar. Las coordenadas se dan en ejes cartesianos (x, y, z) donde z es la cota del punto (dados más adelante).

Estamos asumiendo que z es función de x e y.

Un modelo polimonial de 3º grado tiene la forma:

$$\hat{z} = \beta_0 + \beta_1 x + \beta_2 y + \beta_3 x^2 + \beta_4 xy + \beta_5 y^2 + \beta_6 x^3 + \beta_7 x^2 y + \beta_8 xy^2 + \beta_9 y^3$$

```
x<-1:15 #valores de x
y<-c(2,5,6,7,9,10,12,11,11,13,14,12,12,15,15)
     #valores de y
```

```
z<-c(1,2,2,14,17,15,12,12,11,8,8,3,3,6,16)
       #valores de z

coord<-data.frame(x,y,z) #uniendo x,y,z

       #ahora vamos montar el modelo

modelo<-
z~x+y+I(x^2)+I(x*y)+I(y^2)+I(x^3)+I(x^2*y)+I(x*y^2)
+I(y^3)

                         #haciendo la regresión

re<-lm(modelo,coord)     #primero el modelo, después
los datos

re                       #vea el resultado

   Call:

lm(formula = modelo, data = coord)

Coefficients:

(Intercept) x y I(x^2) I(x * y)

8.2112 16.0255 -14.3588 -2.0589 -1.0705

I(y^2) I(x^3) I(x^2 * y) I(x * y^2) I(y^3)

2.5672 0.2580 -0.4776 0.4961 -0.2444
```

Uno de los grandes problemas es entrar con todas las interacciones cuando el polinomio a ser ajustado posee grados superiores. Sólo para tener una idea, en el ajuste de un polinomio de grado 7, por ejemplo, tenemos 36 interacciones posibles, x, y, x^2, xy, y^2, x^3, ..., y^7. Cada uno de estos términos debe ser explicitado en la función lm (), de modo que tendríamos que digitalizarlos uno a uno. Este problema se puede resolver con la función desarrollada a continuación. El único parámetro exigido por ella es el grado del polinomio que se desea crear. Vea:

```
fpol<-function(d)

{

nt<-(((d+1)*(d+2))/2)-1

terminos<-rep("vacio",nt)

cont<-1

for (j in 1:d)

{

    t<-j

for (i in j:0)

{

terminos[cont]<-paste("I(x^",i,"*y^",(t-
i),")",sep="")

cont<-cont+1

}

}

f<-
as.formula(paste("z~",paste(terminos,collapse="+"))
)
```

```
return(f)
}
```

En el caso del ejemplo anterior bastaría con escribir:

```
modelo.de.funcion<-fpol(3)
modelo.de.funcion
z ~ I(x^1 * y^0) + I(x^0 * y^1) + I(x^2 * y^0) + I(x^1 * y^1) +
I(x^0 * y^2) + I(x^3 * y^0) + I(x^2 * y^1) + I(x^1 * y^2) +
I(x^0 * y^3)
```

Y así funciona para cualquier grado polinomial. En casos de grados muy altos su equipo puede que no tenga suficiente memoria para generar las interacciones. Vea:

```
fpol(100)    #polinomio de grado 100 - 5151
interacciones!!!

Error: protect(): protection stack overflow
```

Superficie de Respuesta

Siguiendo con el ejemplo anterior, vamos a ajustar una superficie de respuesta con la regresión ajustada.

```
x<-1:15
        #valores de x
y<-c(2,5,6,7,9,10,12,11,11,13,14,12,12,15,15)

        #valores de y
```

```
z<-c(1,2,2,14,17,15,12,12,11,8,8,3,3,6,16)
      #valores de z

coord<-data.frame(x,y,z)
      #juntando x,y,z

      #ahora vamos montar el modelo

modelo<-
z~x+y+I(x^2)+I(x*y)+I(y^2)+I(x^3)+I(x^2*y)+I(x*y^2)
+I(y^3)

      #haciendo la regresión

re<-lm(modelo,coord) #primero el modelo, después
los datos

re
      #vea el resultado

   Call:

lm(formula = modelo, data = coord)

Coefficients:

(Intercept) x y I(x^2) I(x * y)

8.2112 16.0255 -14.3588 -2.0589 -1.0705

I(y^2) I(x^3) I(x^2 * y) I(x * y^2) I(y^3)

2.5672 0.2580 -0.4776 0.4961 -0.2444
```

Los coeficientes de la función ajustada pueden ser obtenidos uno a
uno con:

```
re[[1]][[1]]       #para el primer coeficiente

re[[1]][[2]]       #para el segundo

re[[1]][[3]]       #para el tercero y así
sucesivamente
```

Se puede entonces construir una función que represente de hecho la función ajustada:

```
fun<-function(x,y)

{re[[1]][[1]]+      #intercepto (beta 0)

re[[1]][[2]]*x+    #beta 1 * x

re[[1]][[3]]*y+    #beta 2 * y

re[[1]][[4]]*x^2+  #beta 3 * x2

re[[1]][[5]]*x*y+  #beta 4 * x * y

re[[1]][[6]]*y^2+  #beta 5 * y2

re[[1]][[7]]*x^3+  #beta 6 * x3

re[[1]][[8]]*x^2*y+     #beta 7 * x2 * y

re[[1]][[9]]*x*y^2+     #beta 8 * x * y2

re[[1]][[10]]*y^3}      #beta 9 * y3
```

Ahora vamos a generar una superficie usando la función ajustada del ejemplo anterior:

```
valx<-seq(min(x),max(x),0.5) #valores de x a entrar
en la función
```

```
valy<-seq(min(y),max(y),0.5) #valores de y a entrar
en la función

superf<-outer(valx,valy,fun) #matriz de valores
interpolados por "fun"
```

El objeto "superf" contiene los valores de coordenadas de la superficie ajustada que se puede visualizar con el comando persp (). Vea:

```
persp(superf,        #objeto que contiene los valores
interpolados

theta=310,           #ángulo horizontal de exhibición
de la superficie

phi=30,              #ángulo vertical

expand=0.5,          #para expandir el gráfico

col=2,               #usa el color rojo

shade=0.5,           #sombreado

ticktype="simple")   #apenas el sentido de los ejes
(sin escala)
```

Nota: Otros resultados gráficos se pueden conseguir con los cambios de los parámetros de la función persp (). Puede ver algunos modelos gráficos escribiendo demo (persp).

LOS MODELOS NO LINEALES

Para el ajuste de la regresión no lineal con R aconsejamos el uso de la función nls () del paquete "nlme" por su sencillez y versatilidad. Es necesario que se cargue el paquete antes de invocar la función. Se pueden usar los comandos requiere (nlme) o library (nlme).

Entonces sólo tiene que utilizar la siguiente estructura de comando:

```
nls(modelo,datos,valores iniciales estimados de los parámetros)
```

Usted puede obtener información detallada sobre este comando escribiendo ?nls.

Otros métodos pueden ser usados para ajustar el modelo de regresión deseado. Puede conocer algunos de ellos escribiendo help.search ("regresión") en la consola de R.

Ejemplo

En un proyecto de construcción de una presa es de gran interés equiparar la relación entre la cuota del nivel de agua y el volumen almacenado cuando se alcanza esta cuota. Esta relación se obtiene a partir de un diagrama cuota-volumen estimado mediante levantamiento topográfico de la región donde se construirá la presa y sus respectivas curvas de nivel.

Suponga los siguientes datos, con la cuota dada en metros y el volumen en kilómetros cúbicos:

```
cuota<-c(1,2,3,4,5,6,7,8,9,10)

volumen<-c(7,10,14,20,31,40,58,84,113,165)

datos<-data.frame(cuota,volumen)
```

Vea como los datos se dispersan:

```
plot(datos)

library(nlme)

funcion<-volumen~a*exp(b*cuota)

exponencial<-nls(funcion, #modelo que se desea
ajustar($)

datos,      #data.frame con el conjunto de datos

start=c(a=1,b=1))       #valores iniciales de los
parámetros($$)

#($)usando el método de los mínimos cuadrados.

#($$)son valores iniciales estimados para los
parámetros

(coeficientes. Cuando la ecuación converge eses
valores pueden ser cualesquier diferente de cero.

summary(exponencial)

Formula: volumen ~ a * exp(b * cuota)

Parameters:
```

```
Estimate Std. Error t value Pr(>|t|)

a 5.116389 0.227553 22.48 1.62e-08 ***

b 0.346720 0.004879 71.06 1.71e-12 ***

---

Signif. codes: 0 '***' 0.001 '**' 0.01 '*' 0.05 '.'
0.1 ' ' 1

Residual standard error: 1.559 on 8 degrees of
freedom

Correlation of Parameter Estimates:

a

b -0.9885

#diseñando la curva ajustada

curve(5.1163887*exp(0.34672*x),#ecuación ajustada

1,          #limite inferior eje de las abscisas

10,         #limite superior

add=T,      #incrementar en el gráfico anterior

col=2)      #color de la curva (2 = rojo)
```

NonLinear Mixed-Effects Models

Para el análisis de modelos que contienen efectos aleatorios R tiene una biblioteca muy versátil y muy potente, nlme - lineal y no lineal mixed effect modesl (ya utilizada anteriormente para el ajuste de las regresiones no lineales) que permite la evaluación de los modelos lineales mixtos lineales y no lineales.

Para acceder a ella, introduzca el siguiente comando:

```
library (nlme)
```

Ejemplo:

Vamos a utilizar un ejemplo que figura en el propio R.

```
data(Orthodont)
```

```
Orthodont            #para visualizar los datos
```

Una forma de escribir el modelo sería:

```
fm1<-lme(distance~age,Orthodont) #cuando el efecto
aleatorio es "age"
```

```
fm1
```

```
   Linear mixed-effects model fit by REML
```

```
Data: Orthodont
```

```
Log-restricted-likelihood: -221.3183
```

```
Fixed: distance ~ age

(Intercept) age

16.7611111 0.6601852

Random effects:

Formula: ~age | Subject

Structure: General positive-definite

StdDev Corr

(Intercept) 2.3269555 (Intr)

age 0.2264214 -0.609

Residual 1.3100414

Number of Observations: 108

Number of Groups: 27
```

Si usted solo quiere ver los efectos fijos:

```
anova(fm1)
```

Para los componentes de varianza:

```
VarCorr(fm1)
```

Para obtener los efectos de aleatorios o fijos:

```
ranef(fm1)              #para efectos aleatorios

fixef(fm1)              #para efectos fijos
```

Para obtener información adicional, como AIC (Akaike´s An Information Criterion):

```
AIC(fm1)
```

Para los datos de los cuales no se especificó la fórmula, se puede usar:

```
expm<-
lme(res~tratamientos,data=datos,random=~1|bloques)
```

Este sería un modelo en bloques al azar con efectos de tratamiento fijos y bloques aleatorios. Siempre que sea necesario utilice los comandos de ayuda de R.

ACERCA DEL AUTOR

Este libro ha sido elaborado por Patricia García Montero.
Profesora de Programación desde el año 2008 en instituciones
privadas relacionadas con la enseñanza en nuevas tecnologías.